馆校融合
知行并进

徐汇滨江学区与爱国主义教育基地
合作课程开发案例

李 云 傅 强·主编

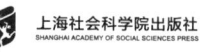

上海社会科学院出版社

序

为积极响应教育部、国家文物局于2020年联合印发的《关于利用博物馆资源开展中小学教育教学的意见》，上海市南洋中学领衔，龙漕中学、龙华中学、龙苑中学等11所成员学校组成的徐汇滨江学区以馆校合作课程开发为抓手，携手共建合力育人新机制。继徐汇滨江学区与龙华烈士纪念馆合作开发1.0版本课程后，2022年，在徐汇区教育局的指导下，滨江学区进一步突破空间、地域限制，与上海交通大学钱学森图书馆、上海宋庆龄故居纪念馆等同时启动2.0版本的课程开发。《馆校融合　知行并进——徐汇滨江学区与爱国主义教育基地合作课程开发案例》就是进一步贯彻落实习近平总书记关于"大思政课"的重要指示批示，利用红色资源鲜活案例，加强"大思政课"建设的重要成果。

该案例集由滨江学区成员学校小学、初中、高中不同学段、不同学科二十余位教师撰写。他们带领学生深入区域内爱国主义教育基地，将学科内容与场馆资源有机融合，注重课程的思想性、趣味性和设计感，研究开发物理、数学、生物、道德与法治、语文、历史等系列活动课程，让丰富、生动、直观的"博物馆"资源，有效转化为中小学教育教学的"课堂"资源，使学子们不断从"校舍"走向"馆舍"，持续提升馆校合作课程的育人效果。

2016年起，在上海市青少年学生校外活动联席会议办公室指导下，上海交通大学钱学森图书馆、上海宋庆龄故居纪念馆等20家人物类场馆就共同组建了民族精神教育联盟，旨在搭建多元开放、互动协作、活泼创新、自主参与的馆校合作平台，促进场馆资源融入中小学教育体系，以全新的博物馆教育理念不断探索馆校合作新模式，努力构建起具有示范性和影响力的馆、校、家合力育人共同体。近年来，以上海交通大学钱学森图书馆为代表的联盟成员单位坚持开门办思政课，推动用党的创新理论铸魂育人，做优一批品牌示范活动，推动思政小课堂与社会大课堂有效结合。这本课程案例就充分体现了在馆校合作基础上，场馆和学校各自"向前一步"，在"大思政课"理念下探索实现场馆资源和学校资源的整合、社会实践与学科内容的融合、场馆学习与课程思政的结合。

相信这本书的出版对于进一步落实"大思政课"理念、推进各校各馆"大思政课"建设会有很大的助益，希望能够会同更多志同道合之士，凝心聚力，携手并进，用好上海地区丰富的校外教育资源，充分发挥各类"大思政课"实践教学基地的重要作用，为培养共产主义接班人和国家栋梁之材而接续奋斗。

上海市青少年学生校外活动联席会议办公室　邹竑
2023年5月

目录

序 ……………………………………………………… 1

以"钱学森"弹道为背景的两个数学模型
……………………………… 上海市南洋中学　杨雪萍　1

学习《反冲运动　火箭》……………… 上海市南洋中学　龚　一　11

个人命运与国家命运
　　——钱学森图书馆教学设计
………………………… 上海市南洋初级中学　蔡亚明　24

我有我的选择
　　——走近"导弹之父"钱学森
………………………… 上海市南洋初级中学　刘树颖　31

从静电起火小处着眼　到导弹实体大处上心
………………………… 上海市南洋初级中学　王潇毅　38

开启钱馆寻访之旅，尽情绽放生命之花
………………………… 上海市南洋初级中学　夏　珍　52

穿越时空，与钱学森先生共话数学
………………………… 上海市南洋初级中学　赵　颅　60

看完钱学森110个故事之后——封面设计
………………………… 上海师大附中附属龙华中学　朱　莎　71

让导弹飞

——跟着钱学森学"运动" …… 上海市龙漕中学　孙　鑫　83

人民科学家的精神风采 …… 上海市龙漕中学　李　树　93

我有一个梦想

——和钱学森爷爷一起追梦

………………………… 上海市徐汇区龙南小学　朱赐婷　118

初步探索宇宙的工具 …… 上海市徐汇区龙华小学　钱　菁　127

学习钱学森先生严谨细致的态度，探究平均数的应用

………………………… 上海市徐汇区日晖新村小学　陈骏婕　139

中华人民共和国成立前各种政治力量

——上海宋庆龄故居探民主革命事业

………………………… 上海市南洋中学　朱　天　147

永远跟党走　共圆中国梦 …… 上海市南洋初级中学　夏　珍　155

手泽如新，往事如诉

——上海宋庆龄故居纪念馆教学设计

………………………… 上海市南洋初级中学　蔡亚明　165

寻访伟人的足迹，感受语言的力量

………………………… 上海师大附中附属龙华中学　施丽洁　171

我们身边的植物

——走进宋庆龄故居 …… 上海市龙苑中学　周　韡　183

大自然"老师" …………… 上海市徐汇区龙华小学　钱　菁　194

走进宋庆龄故居 …………… 上海市教科院实验小学　余幸璐　204

民国初年的社会与政局 …… 上海市南洋中学　刘　晖　213

实现人生的价值

——价值判断与价值选择 …… 上海市南洋中学　赵　卿　226

以"钱学森"弹道为背景的两个数学模型

上海市南洋中学　杨雪萍

一、教材分析

数学建模是高中数学新课程中新增的研究性学习的内容,《普通高中数学课程标准》(2022)中没有对数学建模的内容做具体安排,只是建议将数学建模穿插在相关模块的教学中,要求通过数学建模,了解和经历解决实际问题的全过程,体验数学与日常生活的联系。本课以钱学森图书馆的资源为载体,在"钱学森"弹道建立两个重要的数学模型即中段弹道的优化模型以及末端弹道的拟合模型。通过分析探究、交流合作、小组展示、总结归纳、深化反思等数学活动,引导学生解决数学模型,从而将学科教育和思政教育有效结合,响应思政教育融入课堂的新要求。

二、学情分析

1. 学生已有的基础:学生已经学过线性规划问题,而线性规划问题是源于解决生活中的优化问题,因此学生对普通的优化模型并不陌生。此外,学生学习过一次函数、二次函数等函数各自的函数特点,这对数据拟合模型的了解有一定的帮助。基于学校的支持,学生对于图形计算器也已经有一定的基础,知道数形结合、转化化归、由特殊到一般的思想方法,但对于如何建立数学模型,如何解决数学模型尚不明确。从数学活动经验上来说,学生具备了一定的数学活动经验,有主动参与数学活动的意识和小组合作学习的经验,好奇心强,学习比较积极主动。

2. 学生面临的问题:本节课是以导弹弹道为背景的数学建模

课,且运用图形计算器来解决数学模型,对学生来说是一个全新的认识,在认知方式和思维难度上对学生有较高的要求。

三、教学策略与方法

从主导思想上,本节课依据"教评学一致性"的理念进行课堂教学设计,实施目标导引教学。基于学习目标创设学习问题,激发学生的学习兴趣,基于目标设计与之相匹配的评价设计和教学方案,引导学生主动参与学习过程,动手动脑动口,在学习过程中逐步锻炼分析问题、抽象概括的能力。

四、教学评价方式或方法

学生通过组内交流合作、自主解决给出类似优化问题的实例并探究解决,利用图形计算器解决优化模型,归纳总结方法解决小组的实例。通过对进一步问题的探究,利用图形计算器解决数据模拟问题,能用实际情况检验数学模型,完善数学建模的过程,深化数学建模的思想。

教 学 设 计

【教学目标】

1. 将实际问题提炼成理想的数学问题,借助于图形计算器,解决优化模型和拟合模型,初步总结出这两种模型的求解过程。

2. 经历数学建模解决实际问题全过程,从实际生活出发,思考数学建模的意义,体会数学来源于生活又服务于生活的魅力。

【教学重难点】

重点:两种模型的求解。

难点:数学建模在实际生活中的应用。

【教学资源】

导学案、图形计算器。

【教学过程】

学习内容	教师活动	学生活动	设计意图
课前活动	引导学生在文献、手稿、书籍、珍贵图片中感知钱学森为中国航天事业的强劲发展提供的有力保障	游览钱学森图书馆第一展厅,了解钱学森对中国导弹航天事业的历史贡献	1. 对学生进行爱国主义教育,进一步弘扬民族精神和科学精神 2. 加强学生对导弹背后学科交叉融合的研究与应用
"钱学森"弹道以及"桑格尔"弹道	介绍"桑格尔"弹道、"钱学森"弹道及其基本弹道	了解具有国际优势的"钱学森"弹道以及应用(DF-17)	通过了解钱学森在导弹研制方面的突出成就增强学生民族自豪感
中段弹道优化模型	省略具体的参数化过程,直接将其近似化为优化问题并介绍如何用信息技术解决线性规划	小组合作给出类似优化问题的实例并探究如何解决	了解优化模型并通过信息技术得到该模型的解决方法
末端弹道拟合模型	利用测距仪对空中的某导弹进行运动轨迹测量,并预测导弹落点	对附录中三组数据进行数据拟合,预估导弹落点	通过信息技术对数据进行拟合,增强学生用知识解释问题、解决问题的能力,揭开科学的神秘面纱

附:

教 学 详 案

1. 游览钱学森图书馆第一展厅

师:同学们,今天我们来到钱学森图书馆,上一节特别的数学课。上课之前,老师布置给大家一个课前活动:请大家拿出导学单,用10分钟的时间根据路线寻找这些图片、书籍等背后所蕴含的知识。

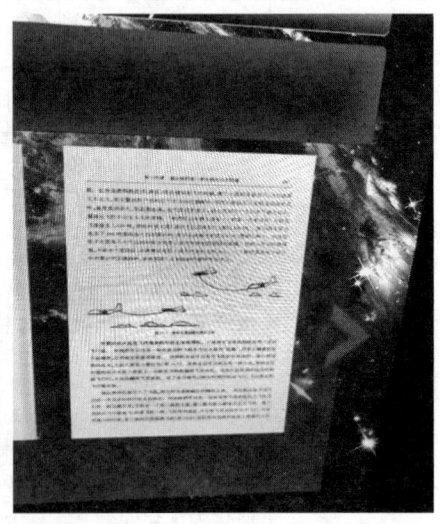

2. "钱学森"弹道以及"桑格尔"弹道

师:有没有同学知道图1中钱学森在黑板上画的是什么?

生:助推-滑翔弹道,是中国著名科学家钱学森于20世纪40年代提出的一种新型导弹弹道的设想。

师:为了实现高超声速远距离滑翔,至今人们共提出过两种方案,分别是滑翔-跳跃"桑格尔"弹道和助推-滑翔"钱学森"弹道。

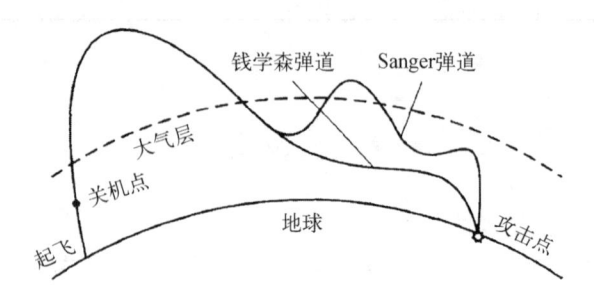

"桑格尔"弹道的原理是从起点发射一枚穿越出大气层的导弹，由于重力作用这枚弹道会落回大气层，当飞机在极高的高度极速下滑，并保持一定的角度，会骤然增大高密度空气而反弹回去，连续实现打水漂式飞行。但这种弹道对当时来说，并不实际，请同学们从附录资料中寻找下原因。

生：进入大气层时速度很高，因此空气对飞船的头部形成激波和摩擦，产生高热。如果没有采取特殊的措施，将使飞船烧毁。

师：非常好，当时的技术有限，没办法解决这个问题。除了散热问题外，导弹并不能实现精确制导，采用弹跳方式虽然能够延长射程，但反弹的升力机制并不明确，弹道控制问题更是空白，即使最后实现，导弹也将毫无精度可言。后来，钱学森就提出自己的设想，即主动段仍采用运载火箭助推，再入大气层后，利用气动力控制实现弹头的远距离滑翔，以达到增大射程和提高突防性能的目的。这种弹道的特点是将弹道导弹和飞航导弹的轨迹融合在一起，使之既有弹道导弹的设突防性能力，又有飞航式导弹的灵活性。比如在2019年10月1日国庆阅兵中出现的国之重器东风-17弹道导弹用的就是"钱学森"导弹，即实现精确打击又无法拦截。

3. 中段弹道优化模型

师：增大射程是助推-滑翔式导弹的优势之一，而另一方面，由

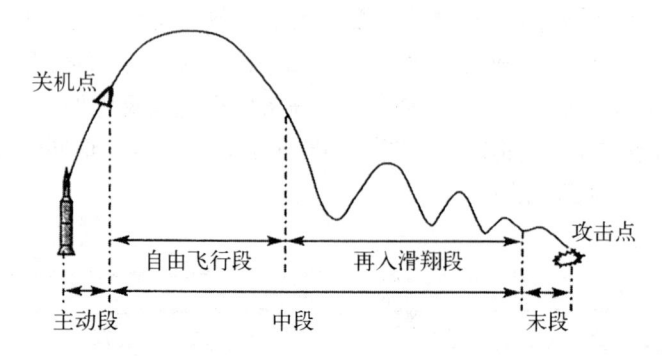

于飞行时间较长，弹头再入过程的总动热量也会增大，因此我们可以以中段基本弹道为研究对象，探究基于热流约束、射程这两个因素的最优弹道。

本文的弹道优化问题表述为在时间 $[\tau_0, \tau_f]$ 中，以运动参数 $\boldsymbol{x}(h, \beta, u, \Theta)$ 为状态变量，寻找最优控制变量 $\lambda(\tau)$，满足运动微分方程组（1）～（4）以及约束条件 $f[\boldsymbol{x}, \lambda(\tau), \tau] \leqslant 0$ 和状态变量边界条件 $\varphi(\boldsymbol{x}) = 0$，且使某性能指标 $J = f[\boldsymbol{x}, \lambda(\tau), \tau]$ 最小的最优控制问题。为处理终端时间的不确定性，这里将 τ_f 也作为优化变量。在求解过程中将再入飞行时间 N 等分，引入参数向量 $\Lambda = (\lambda_1, \lambda_2, \cdots, \lambda_i, \cdots \lambda_{N+1})$ 作为 $\lambda(\tau)$ 的离散值，其他时间点的控制变量的值通过样条插值得到，从而求解最优控制变量 $\lambda(\tau)$ 的问题转化为参数 Λ 的优化问题。参数优化是基于 Matlab 的 SQP 算法实现。

由于具体的参数化过程涉及复杂的应用力学、空气动力学等，这里不做过多介绍，直接将其近似化为优化问题：

$$\min J(\tilde{u})$$
$$\text{s. t.}$$
$$g(\tilde{u}) = 0$$
$$h(\tilde{u}) \leqslant 0$$

师：请小组合作给出类似优化问题的实例并探究如何解决。

联系数学高二上册的线性规划内容如：

（目标函数）$\max z = 4x_1 + 3x_2$ (1)

s.t.（约束条件）$\begin{cases} 2x_1 + x_2 \leqslant 10 \\ x_1 + x_2 \leqslant 8 \\ x_2 \leqslant 7 \\ x_1, x_2 \geqslant 0 \end{cases}$ (2)

这里变量 x_1, x_2 称为决策变量，(1)式被称为问题的目标函数，(2)中的几个不等式是问题的约束条件，记为 s. t.（即 subject to）。由于上面的目标函数及约束条件均为线性函数，故被称为线性规划问题。

线性规划的图解示意图

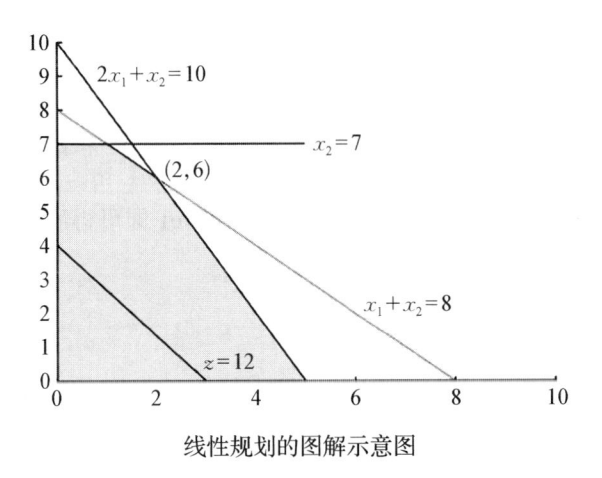

图解法简单直观，有助于了解线性规划问题求解的基本原理。我们先应用图解法来求解。对于每一固定的值 z，使目标函数值等于 z 的点构成的直线称为目标函数等位线，当 z 变动时，我们得到一簇平行直线。对于例1，显然等位线越趋于右上方，其上的点具有越大的目标函数值。不难看出，本例的最优解为 $x^* = (2, 6)^T$，最优目标值 $z^* = 26$。

小组分享后可进一步探究如何利用信息技术解决线性规划

问题：

例 2 求解下列线性规划问题

$$\max z = 2x_1 + 3x_2 - 5x_3$$

$$\text{s.t.} \quad x_1 + x_2 + x_3 = 7$$
$$2x_1 - 5x_2 + x_3 \geqslant 10$$
$$x_1 + 3x_2 + x_3 \leqslant 12$$
$$x_1, x_2, x_3 \geqslant 0$$

解 (i) 编写 M 文件

c = [2；3；-5]；
a = [-2, 5, -1；1, 3, 1]；b = [-10；12]；
aeq = [1, 1, 1]；
beq = 7；
x = linprog(-c, a, b, aeq, beq, zeros(3, 1))
value = c'*x

(ii) 将 M 文件存盘,并命名为 example1.m。

(iii) 在 Matlab 指令窗运行 example1 即可得所求结果。

归纳：

Matlab 中线性规划的标准型为

$$\min_{x} c^T x$$

$$\text{s.t.} \begin{cases} Ax \leqslant b \\ Aeq \cdot x = beq \\ lb \leqslant x \leqslant ub \end{cases}$$

基本函数形式为 linprog(c, A, b)，它的返回值是向量 x 的值。还有其他的一些函数调用形式(在 Matlab 指令窗运行 help linprog 可以看到所有的函数调用形式)，如：

[x, fval] = linprog(c, A, b, Aeq, beq, LB, UB, X₀, OPTIONS)

这里 fval 返回目标函数的值，LB 和 UB 分别是变量 x 的下界和上界，X₀ 是 x 的初始值，OPTIONS 是控制参数。

4. 末端弹道拟合模型

导弹飞行末端采用自寻的制导以提高命中精度,在军事演习中,军方通常会利用测距仪对空中的某导弹进行运动轨迹测量,预测导弹落点从而根据需要制导导弹。若地面上有3个测距仪$Ai(i=1,2,3)$,其中$A2$位于$A1$的正西方4.5千米处,$A3$位于$A1$与$A2$的北侧,与$A1$、$A2$的距离分别为$\sqrt{6.25}$ km与$\sqrt{13}$ km。测得的数据见附录,请同学们根据数据预测落点。

建立坐标系:

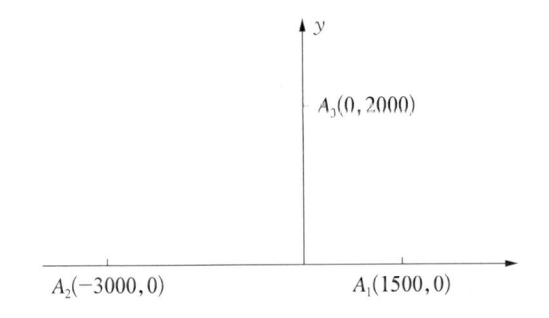

$A_3(0, 2000)$

$A_2(-3000, 0)$ $A_1(1500, 0)$

请根据拟合的实例对附录中的数据进行拟合:

某乡镇企业1990—1996年的生产利润

年 份	1990	1991	1992	1993	1994	1995	1996
利润(万元)	70	122	144	152	174	196	202

试预测1997年和1998年的利润。

x0 = [1990 1991 1992 1993 1994 1995 1996];
y0 = [70 122 144 152 174 196 202];
a = polyfit(x0,y0,1)
y97 = polyval(a,1997)
y98 = polyval(a,1998)

求得 $a_1=20$,$a_0=-4.0705\times 10^4$,1997 年的生产利润 $y97=233.4286$,1998 年的生产利润 $y98=253.9286$。

建模结果:

三维空间中该导弹的运动轨迹曲线如下图所示。

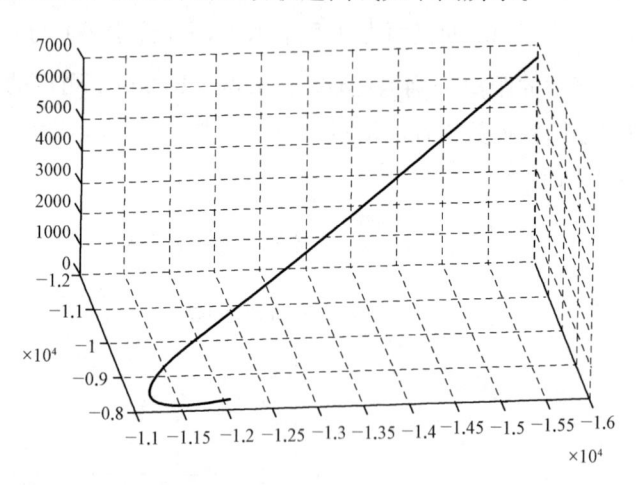

归纳多项式拟合方法:

如果取 $\{r_1(x),\cdots,r_{m+1}(x)\}=\{1,x,\cdots,x^m\}$,即用 m 次多项式拟合给定数据,Matlab 中有现成的函数

a=polyfit(x0,y0,m)

其中输入参数 x0,y0 为要拟合的数据,m 为拟合多项式的次数,输出参数 a 为拟合多项式 $y=a_m x^m+\cdots+a_1 x+a_0$ 系数 $a=[a_m,\cdots,a_1,a_0]$。

多项式在 x 处的值 y 可用下面的函数计算

y=polyval(a,x)。

学习《反冲运动　火箭》

上海市南洋中学　龚　一

一、教材分析

1. 教材的地位和作用：《反冲运动　火箭》位于人教版高中物理教材选修3—5第十六章第五节，（上海市高中物理开始使用新教材至今只有一个学期，预计在高二年级教材中会涉及动量、反冲运动内容，但由于新教材还未公布，暂时无法使用上海教材，故先参考人教版教材备课）本节主要内容是反冲运动的特征，是动量守恒定律的应用。反冲运动在生活、航天中有广泛的应用，结合《钱学森图书馆》的资源，对培养学生提高应用物理知识解决问题的能力和激发学生爱国热情有一定的作用。

2. 教材内容安排：通过生活实例总结反冲运动的特征，并从力的角度和动量的角度分析反冲运动的原理，再结合生活实例讲解反冲运动的应用，从我国火箭研究的历程引出现代火箭的制作及原理，重点介绍反冲运动在火箭中的应用。

3. 教材的特点：第一，教师注重通过对生活实例的讨论，引导学生总结；第二，让学生体会物理知识的实际应用价值，对国家科学技术发展的重要性。

4. 对教材的处理：反冲运动的物理特征这部分内容比较抽象，在教学中通过教师演示、学生实验、观摩视频资料、参观钱学森图书馆等来观察反冲运动的一些现象，更有助于学生对知识的理解和应用。

二、学情分析

1. 学生的兴趣：学生在钱学森图书馆的特定氛围中会体会到强

烈的民族自豪感,感受到科技强国的个人责任感,在此基础上充分调动学生学习的积极性和自主性,引导学生不满足于单纯的观察现象,而是通过自己的思考来解释现象产生的原因,并自己总结出其中的规律。

2. 学生的知识基础:在学习本节之前,学生已学习了冲量、动量及动量守恒等知识,但对于动量守恒的应用还不太熟悉,并不能很好地把动量守恒与生活联系起来,所以在教学中要充分利用学生的自身经验以及已有知识,并从我国航天事业的发展入手,激发学生爱国情怀、调动学生的学习积极性。

三、教学策略与方法

1. 教学组织形式

课程提倡以自主、合作、探索、研究的教学形式,带领学生走进钱学森图书馆,教师引导学生感受钱老强烈的爱国情怀,追随我国航天事业的发展历程感受科技强国的必要性,体会学好物理知识的重要性。

2. 教学方法

(1) 实验法

物理是一门以实验为基础的科学。将理论与实验融为一体,突出实验在教学中的基础地位。在课程中教师通过演示反冲气球、反冲小车等具体的生活实例,强化学生对反冲现象的感性认知,激发学生进一步深入研究的兴趣。

(2) 场馆参观

钱学森图书馆作为国内外钱学森文献实物最完整、最系统、最全面的收藏保管中心;钱学森科学成就、治学精神、高尚品德和爱国情怀的宣传展示中心;钱学森科学思想和科学精神的研究交流中心,使学生在参观中强烈地感受到我国老一辈物理学家对发展我国航天事业的赤子情怀,体会到学好物理学对提升国力捍卫国家尊严的重要性。

（3）讲授法

通过教师形象生动的讲解，辅以多媒体课件的演示，引导学生分析实验现象及生活中的实例，将感性认识上升到理性认识，从看到问题的现象到分析问题的本质。让学生深入了解反冲运动、火箭的原理，在讲授的过程中带领学生体会所学知识在航天领域的重要作用，激发学生的爱国情怀。

四、教学评价方式或方法

1. 反冲运动的定义

评价方式：学生能通过观察反冲运动的现象及小实验初步体会反冲运动的特点，并从理论分析得到反冲运动的定义。

评价方法：学生小组讨论、发言。

2. 反冲运动的应用（一）

评价方式：学生能通过参观钱学森图书馆、观看视频感受到反冲运动在生活、生产、科技发展中的重要性。

评价方法：学生通过参观完成学习任务单的填写；小组讨论、发言。

3. 反冲运动的应用（二）

评价方式：学生能通过学习掌握解决复杂的火箭发射问题的方法。

评价方法：完成例题火箭发射速度的求解，归纳影响火箭发射速度的因素，以及对提高发射速度的方法讨论。

4. 反冲运动的危害

评价方式：学生在观看视频的基础上讨论发言。

评价方法：学生能联系生活实际、结合生活经验通过讨论得到反冲运动同时有利也有弊，并能想到一些避免或减少危害的方法。

教 学 设 计

【教学目标】

1. 知识与技能

(1) 进一步巩固动量守恒定律。

(2) 知道反冲运动与火箭的原理,了解反冲运动的应用。

2. 过程与方法

通过火箭等具体事例认识反冲运动,感受物体间存在相互作用,体会物体间相互作用的普遍性,能结合动量守恒定律对反冲运动做出解释。

3. 情感态度与价值观

(1) 通过对钱学森求学、科研历程的回顾、了解我国航天事业的发展,激发学生学习物理学的内驱力。

(2) 建立理论知识和生活实际的联系,感受物理学原理的实用价值。

(3) 经历观察与实验,形成尊重客观事实、实事求是的科学态度。

【教学重难点】

1. 重点:通过实验、观察、讨论认识反冲运动的特征,了解火箭发射的原理。

2. 难点:反冲运动的过程分析。

【教学资源】

1. 钱学森图书馆

充分利用馆内实物、视频、图片等资料,调动学生自主学习的积极性,通过爱国主义教育激发学生学习的内驱力。

2. 反冲运动实验

通过教师演示、学生小实验感受气球、小车、水火箭等生活中常见的反冲运动。

3. 反冲运动过程的视频

利用多媒体课件再现反冲运动过程中物体运动方向以及其受力

情况，使物理过程更加直观、完整、清晰地展现出来，有助于学生对现象进行深入分析，既增大教学容量，又提高教学效率。

【教学过程】

学习内容	教师活动	学生活动	设计意图
认识生活中的反冲运动	演示反冲运动	体验反冲运动小实验	通过教师演示、学生小实验感受气球、小车、水火箭等生活中常见的反冲运动，得到反冲运动的定义，激发学生的学习兴趣
理论分析反冲运动实例	教师提问：为什么小车会运动？	从力学角度、动量角度分析	教师引导学生通过牛顿运动定律和动量守恒定律分析得出反冲运动的原因
反冲运动的应用（一）	教师提问：为什么要学习反冲运动？从古代火箭到现代火箭	参观钱学森图书馆相关展区，了解我国航天技术的发展，从我国火箭研究的历程引出现代火箭的制作及原理	通过对钱学森求学、科研历程的回顾，了解我国航天事业的发展，激发学生学习物理学的内驱力
反冲运动的应用（二）	教师通过视频、照片等课件介绍反冲运动在火箭中的应用	火箭的实例分析：根据动量守恒定律求出火箭的终极速度；讨论影响终极速度的条件以及如何提高火箭的发射速度	通过将复杂问题抽象为理想模型、情境分析等过程学习处理较复杂的实际问题的普遍方法，建立理论知识和生活实际的联系，感受物理学原理的实用价值

续 表

学习内容	教师活动	学生活动	设计意图
讨论反冲运动的危害	教师播放相关视频,问:反冲运动对于生产、生活和科技的影响具有深远的意义,但是我们说任何事情既有利又有弊,我们应该用辩证的思维来看待问题	列举一些反冲运动弊端的实例,讨论我们该如何克服这些危害	培养学生辩证全面地看待问题,对于学生科学思维的全面发展有着重要的影响
课后作业	介绍水火箭的制作原理	做一做:水火箭 练一练:完成课后练习	巩固所学

附:

教 学 详 案

创设情境,引入新课

教师演示实验:气球的反冲运动

实验步骤:

1. 先让学生观察一只充满气的气球被释放的过程。请学生描述看到的现象并解释产生这种现象的原因。设计意图:由于气球喷出的气不可见,学生较难将反冲运动的原理描述清楚。

2. 再请学生观察一只充满气且装了彩色粉末状颜料的气球被释放的过程。教师引导学生进一步解释产生现象的原因。设计意图:使不可见的气体可视化,更加直观地表现出反冲运动的特点。

归纳总结:以上两次实验的共同特点:① 在内力的作用下;② 一个物体分为两部分;③ 两部分向相反的方向运动。

一、认识反冲运动

1. 反冲运动的定义：如果一个静止的物体在内力的作用下分裂为两个部分，一部分向某个方向运动；另一部分必然向相反的方向运动，这个现象叫做反冲。

2. 生活中常见的反冲运动：① 章鱼的运动（播放视频）；② 喷灌装置（播放视频）。请学生仔细观察喷灌装置的结构图，解释装置旋转的原因。

设疑：为什么会出现这样的现象，在这样的现象背后包含怎样的原理？

3. 对喷气小车的实验研究和理论分析。

【分组实验探究】

实验目的：以喷气小车为例研究反冲运动的原因。

实验器材：固定有气球的小车。

实验原理：牛顿运动定律及动量守恒定律。

【理论分析】

(1) 从力的角度：小车与气球作为一个部分，对气球内压缩的空气有一个力 F，使气体向前喷出，压缩气体给小车一个反作用力 F'，使小车向后运动，根据牛顿第三定律，$F = -F'$——①

设小车和气球的质量为 m_1，被喷出的气体的质量为 m_2，根据牛顿第二定律，两部分获得的加速度分别是 $a_1 = F'/m_1$，$a_2 = F/m_2$——②

由①②得 $m_1 a_1 = m_2 a_2$

(2) 从动量的角度：系统动量守恒 $m_1 v_0 + m_2 v_0 = m_1 v_1 + m_2 v_2$

由 $v_0 = 0$ 得 $m_1 v_1 = -m_2 v_2$

$v_1 = -(m_2/m_1)v_2$（负号代表方向，说明 v_1 和 v_2 方向相反）

小结：

反冲运动的定义：如果一个静止的物体在内力的作用下分裂为两个部分，一部分向某个方向运动，另一部分必然向相反的方向运动，这个现象叫做反冲。

二、生活中的反冲运动

设疑：为什么要学习反冲运动呢？物理来源于生活，又应用于生活，请大家想一想除了我们已经提到的一个例子以外反冲运动在我们的生活中有哪些应用呢？

学生回答：

播放视频：烟花爆竹，由此引出古代火箭。

教师介绍从古代火箭到现代火箭。

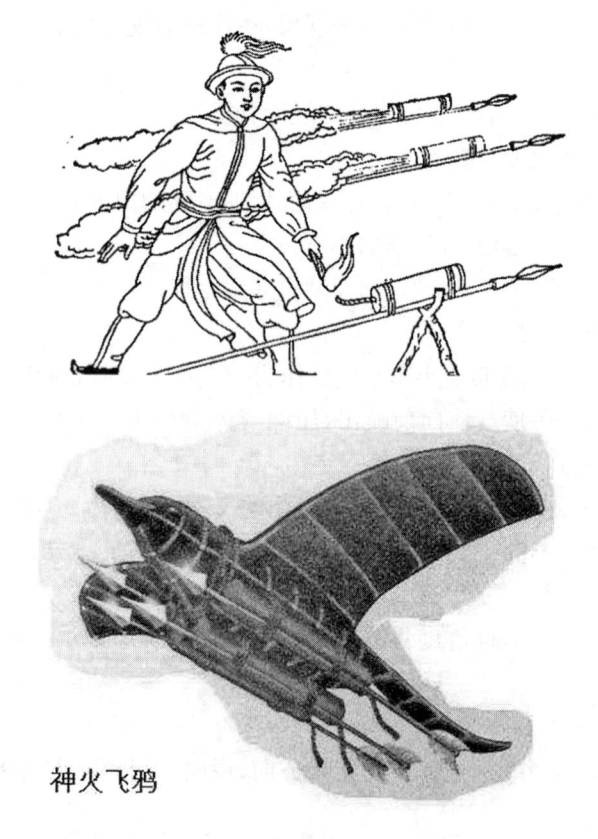

神火飞鸦

说到现代火箭，一定会提到一个里程碑式的人物钱学森，他被誉为"中国科制之父""火箭之王"，其实他不仅是我国载人航天的奠基人，也是美国的航天事业奠基人。在钱学森诞辰时，特斯拉公司创始人名下的 SpaceX 特地发了一条推文祝贺钱学森生日快乐。为何 SpaceX 会对钱学森如此推崇呢？实际上，在美国钱学森可算得上是传奇一般的存在。早在"二战"刚刚结束时，钱学森就被誉为顶尖天才，在长达 8 年的时间内，他都可以自由出入五角大楼。美国媒体在 2009 年报道了钱学森去世的消息，当时就曾经称钱学森是美国航天事业的奠基人之一。汉代李陵在《答苏武书》中写道："陵先将军，功略盖天地，义勇冠三军。"在古往今来的历史上，有许多人都曾经对自己的国家乃至于整个人类社会做出过巨大贡献，真正称得上"功盖天地"，著名科学家钱学森就是其中一个。现在就让我们走近这样一位传奇人物，请同学们带着学习任务单去了解钱老对我国航天事业做出的贡献，并在参观过程中完成学习任务单的填写。

【教师带领学生参观钱学森图书馆部分展区】

参观结束后学生以小组为单位交流学习任务单的填写结果。

钱学森先生对我国的载人航天事业做出了杰出的贡献，同学可能会觉得载人航天是一个高深莫测的领域，对于我们这样的高中生来说是无法企及的高度，但是实际上火箭的工作原理就是反冲运动，其反冲过程动量守恒，它靠向后喷出的气流的反冲作用而获得向前的速度。火箭喷气属于反冲类问题，是动量守恒定律的重要应用。在火箭运动的过程中，随着燃料的消耗，火箭本身的质量不断减小，对于这一类的问题，可选取火箭本身和在相互作用的时间内喷出的全部气体为研究对象，取相互作用的整个过程为研究过程，运用动量守恒的观点解决问题。

三、反冲运动的应用——火箭

【视频播放】这是我国第一艘载货飞船"天舟一号"的发射过程。

【引出问题】现在就让我们来研究一下火箭的飞行速度与哪些因素有关。

【建立模型】假设"长征 7 号"运载火箭起飞的质量为 M，燃料燃尽时火箭的质量为 m，火箭燃气的喷气速度为 v_1，求燃料燃尽后火箭的飞行速度？

【情境分析】在火箭发射过程中，由于内力远大于外力，所以可近似认为动量守恒，取火箭的速度方向为正方向，发射前火箭的总动量为 0，设燃料燃尽后火箭的速度为 v，发射后的总动量为 $mv-(M-m)v_1$。

根据动量守恒得 $0=mv+(M-m)v_1$

得 $v=-(M/m-1)v_1$（负号表明喷出的气体的方向与火箭运行的方向相反）。

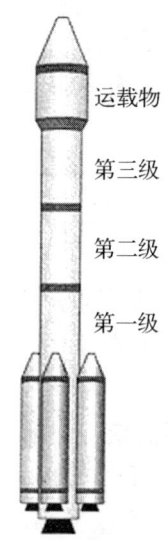

【分析讨论】火箭飞行所能达到的最大速度取决于哪些条件？如何提高火箭的发射速度？学生分组讨论：① 增加喷气的速度（说明：现代火箭的喷气速度在 2 000～4 000 m/s），近期内很难再大幅度提高。② 增加质量比（火箭开始起飞时的质量 M 与燃料燃尽时的质量 m 之比，但是这个参数一般小于 10，否则火箭结构的强度就有问题）。

【提出问题】即使我们既增加了喷气速度同时又增加质量比，但发射火箭的速度依然达不到发射人造地球卫星的 7.9 km/s，如何解决卫星发射的问题？

【解决方法】多级火箭。

多级火箭工作原理：把火箭一级一级的连接在一起，第一级燃料用完之后就把箭体抛弃，减轻负担，然后第二级开始工作，这样一级一级地连接起来，火箭的速度可以提得很高。

【视频播放】"天舟一号"升空利用多级火箭达到预定轨道的全过程。

四、反冲运动的危害

看到这里大家是不是觉得反冲运动对我们的生活和国力的发展特别有用？下面请大家一起来看一段视频。

【视频播放】枪械、大炮射击时后坐力会影响射击的准确度。

看完这段视频同学们有什么想法呢？

小结：的确反冲运动对于生产、生活和科技的影响具有深远的意义，但是事物都有两面性，我们一起来用辩证的思维来看待问题，会发现反冲运动也是有利有弊的。

我们可以通过什么样的方法或措施避免反冲运动的危害呢？

学生讨论。

五、课后作业

1. 做一做：请同学们搜集相关信息，利用反冲运动的原理自己动手制作一个水火箭。

2. 练一练：完成学案课后练习。

导 学 案

一、认识反冲运动

观察气球实验归纳反冲运动的特点：

_____
_____
_____

1. 反冲运动的定义：_____

_____
_____

2. 生活中常见的反冲运动：

3. 对喷气小车的实验研究和理论分析

【分组实验探究】

实验目的：

_____

实验器材：

_____

实验原理：

【理论分析】

（1）从力的角度：

（2）从动量的角度：

二、生活中的反冲运动

三、认识钱学森

走进钱学森图书馆。

四、反冲运动的应用

"长征7号"运载火箭起飞的质量为 M，燃料燃尽时火箭的质量为 m，火箭燃气的喷气速度为 v_1，求燃料燃尽后火箭的飞行速度。

五、反冲运动的利与弊

六、课后作业

做一做：请同学们搜集相关信息，利用反冲运动的原理自己动手制作一个水火箭。

记录你用到的器材：

绘制你的水火箭结构图：

记录你的制作步骤：

练一练：完成学案课后练习

1. 一个连同装备共有100千克的航天员，脱离宇宙飞船后，在离飞船45米的位置与飞船处于相对静止的状态。装备中有一个高压气泵，能以 $50\,\mathrm{m/s}$ 的速度喷出气体。航天员为了能在 10 min 时间内返回飞船，他需要在开始返回的瞬间一次性向后喷出多少质量的气体？

2. 一火箭喷气发动机每次喷出 $m=200\,\mathrm{g}$ 的气体，气体离开发动机喷出的速度 $v=1\,000\,\mathrm{m/s}$，设火箭质量 $M=300\,\mathrm{kg}$，发动机每秒喷气20次。

(1) 当第三次喷出气体后,火箭的速度多大?

(2) 运动第 1 s 末,火箭的速度多大?

课后练习:

1. 一个连同装备共有 100 千克的航天员,脱离宇宙飞船后,在离飞船 45 米的位置与飞船处于相对静止的状态。装备中有一个高压气泵,能以 50 m/s 的速度喷出气体。航天员为了能在 10 min 时间内返回飞船,他需要在开始返回的瞬间一次性向后喷出多少质量的气体?

2. 一火箭喷气发动机每次喷出 $m=200$ g 的气体,气体离开发动机喷出的速度 $v=1\,000$ m/s,设火箭质量 $M=300$ kg,发动机每秒喷气 20 次。

(1) 当第三次喷出气体后,火箭的速度多大?

(2) 运动第 1 s 末,火箭的速度多大?

个人命运与国家命运
——钱学森图书馆教学设计

上海市南洋初级中学　蔡亚明

【内容主旨】

本课以钱学森的人生经历为线索,通过钱学森出国以前、留学期间、回国受阻、归国以后的人生经历,结合钱学森图书馆馆藏资料,对应钱学森所处的时代背景,以点带面的形式,探究个人命运与国家命运之间的关系。

【教学目标】

1. 通过钱学森图书馆馆藏资料,梳理钱学森的成长经历;并结合学习任务单,寻找相应史料,帮助学生树立时空观念。

2. 通过搜集整理钱学森图书馆中的相关史料,感知钱学森的个人贡献,培养学生史料实证素养。结合时代背景,思考个人命运与国家命运的关系,培养学生的历史解释能力。

3. 通过馆校融合的方式,体会钱学森的爱国情怀,认识到个人命运与国家命运息息相关,时代始终在为个人命运着底色,国家命运也始终由无数个体共同书写,培养学生的唯物史观和家国情怀。

【重点难点】

重点:钱学森的人生经历;钱学森所处的时代背景。

难点:个人命运与国家命运的关系。

【教学流程】

环节一:出国以前——初心壮志　科技救国

请同学们走访第三、四展厅,了解钱学森出国前的初心壮志,找到一份史料证明,并总结时代特征。

1932年"一·二八"抗战、力学考试试卷

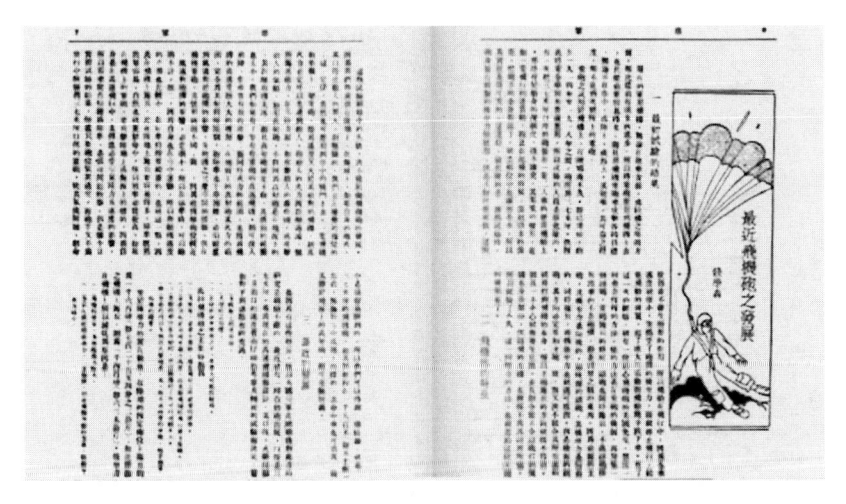

1934年钱学森在《空军》杂志第67期发表《最近飞机炮之发展》

当时中国局势：时局不稳,历经辛亥革命、"九一八"事变、"一·二八"抗战,钱学森深感中国时局动荡,立志科技救国。

过渡：赴美留学前,钱学森："现在中国政局混乱,豺狼当道,我到美国去学技术是暂时的,学成之后,一定回来为祖国效力。"钱学森赴美留学有哪些学术成就?

环节二：赴美留学——不忘初心　牢记使命

请同学们走访第三、四展厅,了解钱学森留学期间的学术成就,找到一个史料证明,总结时代特征。

历史见证：钱学森的《迈向新高度》、谢绝参股、《高速气流突变之测定》、《产生动力的风车》、虚怀若谷。

当时国内外局势：国内抗战,国外反法西斯,潜心学术。

过渡：钱学森还记得自己留学报国的初心吗?

环节三：遭到拒留——心系祖国　艰难归国

请同学们走访第三展厅,了解钱学森回国的艰难历程,找到相关史料,总结时代特征。

艰难历程：筹备回国—遭到拘禁—踏上归途。

移民局办事处报到登记表

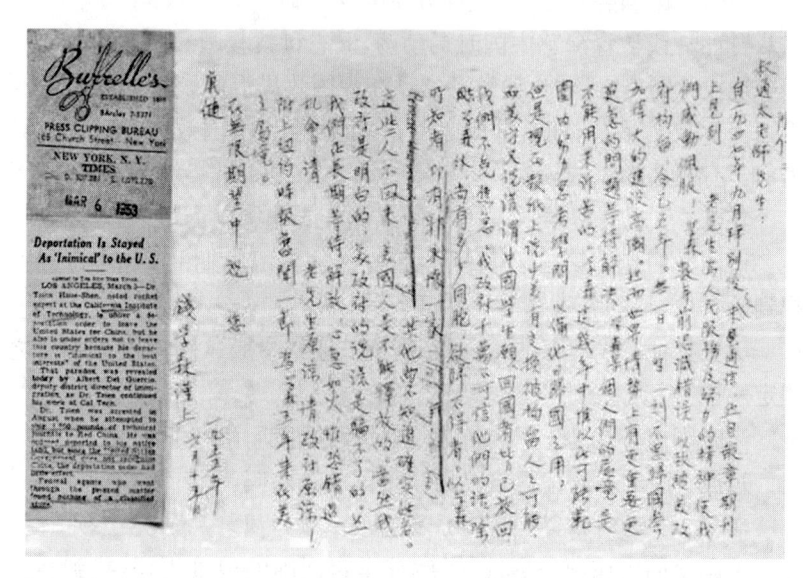

钱学森写给陈叔通的求援信

1955年,钱学森从一份画报上看到一张时任全国人大常委副委员长的陈叔通和毛主席的合影。钱学森当即给这位钱家的世交写求援信。在信中,他写道:"无一日、一时、一刻不思归国,参加伟大的建设高潮","心急如火,唯恐错过机会",请求祖国能给予帮助。

从中美关系的角度,分析美国为何要阻碍钱学森回国。

原因:当时处于美苏冷战,美国在外交上不承认新中国,军事上包围新中国,经济上封锁,企图把新中国扼杀在摇篮中。而美方为了避免钱学森在美国所学的尖端科技为新中国所用,故而阻碍钱学森回国。

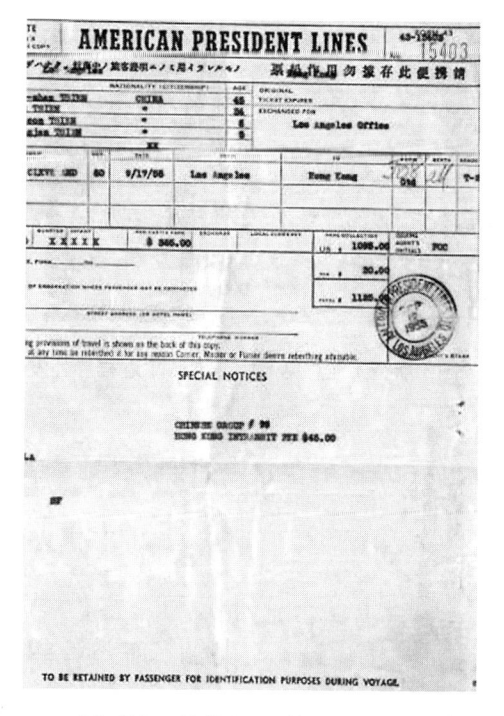

"克利夫兰总统号"三等舱旅客证明

1955年8月,中美大使级会谈在日内瓦举行。周总理指示中方代表王炳南大使以钱学森的求援信为依据,与美方进行交涉和斗争,1955年8月4日,美国司法部最终签署同意钱学森离美的通知。

过渡：临行前，钱学森说："今后我将竭尽努力，和中国人民一道建设自己的国家，使我的同胞能过上有尊严的幸福生活。"钱学森归国后，实现了这一理想吗？

环节四：归国以后——赤子心胸　功勋卓著

参观第一、二展厅，列举钱学森归国后的成就：

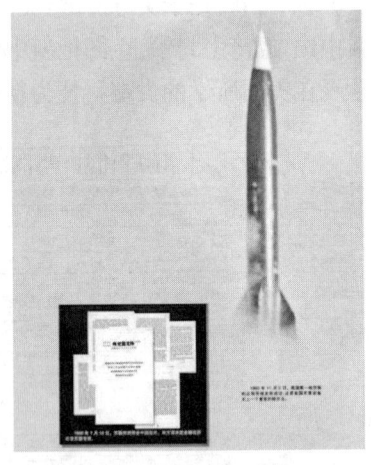

1956年《建设我国国防航空工业意见书》　　1960年近程导弹发射时的照片

1964年6月中近程导弹发射成功　　1970年中国第一颗人造卫星发射成功

新中国的科技事业之路是从无到有、由弱到强的,新中国成立之初,面对外国对中国实行严格技术封锁的情况下,中国依然取得了举世瞩目的成就,其原因有哪些?

材料一　中华人民共和国成立后,党和政府就认识到科学技术的重要性,1949年11月1日成立了中国科学院,并相继成立各省、市及自治区的科研机构。

1956年,毛泽东发出"向科学进军"的号召,制定了《1956—1967年全国科学技术发展远景规划》。

1978年,邓小平提出"科学技术是生产力"的观点,科学的春天终于来临。

——摘编自范子谦《新中国成立70年来科技事业的发展》,载《党史文汇》2019年第10期

材料二　新中国的建立,激发了大批海外学子的殷殷报国心,以钱学森、华罗庚、朱光亚等为代表的海外专家学者破除一切艰难险阻,纷纷归国效力,为新中国科技事业发展作出了突出贡献。到1957年,归国海外学者约占新中国成立前全部海外留学生和学者一半以上。他们大多数人成为了新中国各个领域科学技术发展的奠基人或开拓者。

——国家统计局社科文司《科技发展大跨越　创新引领谱新篇》,载《服务外包》2019年第9期

原因:政治上,新中国的成立;社会主义制度的确立;改革开放政策的实施。经济上,经济实力的不断增强;综合国力的提升。政策上,党和政府作出一系列重大决策,为科技事业的发展提供了保证。教育上,科教兴国战略的实施;教育事业不断发展完善。人才上,广大科技工作者,尤其是许多毅然回国的科学家们无私奉献,开拓创新。

总结:钱学森便是这众多科学家中的一员,他以科学精神和人格风范,践行科技救国的初衷。他以炽热的爱国情怀,为当代青年学生指明了方向,他在利与义之间,作出了正确的选择,激励我们树立远大的理想和崇高的追求。

环节五：课堂小结

"五年漫漫归国路，未改拳拳爱国心。十载孜孜两弹成，不渝铮铮报国情。"钱学森的成功，是因为他始终坚信个人的命运与国家的命运是紧密相连的，正如钱学森所说："我的事业在中国，我的成就在中国，我的归宿也在中国。"

【结构板书】

出国以前——初心壮志　科技救国
赴美留学——不忘初心　牢记使命
遭到拒留——心系祖国　艰难归国
归国以后——赤子心胸　功勋卓著

【任务单】

个人命运与国家命运
——钱学森的心路历程

生命历程	历史见证	国家命运
出国以前（1911—1934）		
赴美留学（1935—1949）		
遭到拘留（1950—1955）		
归国以后（1955—2009）		

备注：历史见证：寻找一份相关史料，填入。可贴图片、填史料等。
国家命运：当时国内外的重大历史事件。

我有我的选择
——走近"导弹之父"钱学森

上海市南洋初级中学　刘树颖

一、教材分析

本课教学内容选自上海市初中《牛津英语上海版》教材八年级第一学期第五单元中的听说课 Dr Sun Yat-sen's Mausoleum 及八年级第二学期第四单元拓展阅读 Benjamin Franklin。两段文本都围绕博物馆或者名人事迹而展开，在现有教材内容的基础上，根据深化"双减"政策和课程改革的相关要求，围绕英语学科核心素养的落实，充分利用区域场馆资源优势，结合跨单元话题中对历史场馆及名人的介绍，从知识结构、语言表达、爱国主义教育等方面开展本课的学习。

本节课依托课内学过的孙中山纪念馆，让学生学会从不同方面介绍钱学森图书馆，通过观摩探索、小组合作、口头陈述等方式挖掘钱学森的故事，通过找到钱学森的 5 次重大选择：第一，钱学森报考了上海交通大学机械工程学院，学习铁道机械工程专业。第二，改学航空工程。第三，做一名航空工程师。第四，从学术理论研究转向大型科研工程建设。第五，再次回到学术理论研究中。通过引导学生思考钱学森突破千难万阻也要回国报效祖国的故事，使学生在理解名人故事的同时，继承和发扬科学家爱国主义精神。

二、学情分析

本节课设定为初二年级学生的拓展型课程，学生在八年级上学期学过孙中山博物馆，八年级下学期会学习关于名人富兰克林的介绍,掌握了关于介绍文化景点的语言知识和技能,但语言的迁移能力较为欠缺。通过拓展研究性课程的学习,将学过的知识与技能运用到实际生活中,提升英语的语用性。通过沉浸式的走访探索,激发学生从身边学习英语的兴趣,使学生们更深刻的理解名人故事,提高学生的文化自信,厚植红色基因,树立正确的人生观与价值观。

三、教学策略与方法

在教法上,本课以"任务"为驱动,以"沉浸体验"为主要模式,使学生在深入了解钱老事迹的同时,在真实情境中培养学生对于奉献精神和爱国主义的理解,激发学生在真实情境中用英语介绍钱学森博物馆的热情,提升文化自信和民族自豪感。

通过课前观看电影《钱学森》和查阅相关资料,完成关于钱老主要信息的导学案,并通过对孙中山纪念馆这一节听说课的复习,对介绍伟人的博物馆提出猜想,激活学生对于爱国主义科学家钱学森的初步认识,为沉浸式的探索课程做好知识和情感上的铺垫。

通过走访参观,带着导学案上的预测问题,从图书馆地理位置、开放时间、基本布局到钱学森事迹的陈列等不同方面记录钱学森图书馆的基本信息,并学习有关导弹和航天等科学词汇的用法。

通过自由探索的方式,学生两人一组找到钱老人生路上五次重大抉择,并进行1分钟英语介绍,选择是什么,钱老是如何做出选择的,遇到的困难是什么,是如何克服的。通过同学们的汇报与讨论,希望从钱老的选择中激发学生对人生的思考,潜移默化地帮助学生树立正确的价值观。

通过创设招募"双语星空讲解团"的情景,让学生以小组为单位,4人一组,按照展厅顺序用英语介绍钱学森图书馆。

四、教学评价方式或方法

导学案的每个任务都有相应的评价,侧重任务的过程性评价,以正面积极评价为主,侧重学生自评,在参观过程中鼓励学生自主探索。

1. 课前查阅钱学森的相关资料，学生在参观钱学森图书馆的同时，检测课前搜集信息的科学性。并学会一些关于人物介绍和博物馆介绍的英语词汇。

2. 以两人一组的探索形式进行同伴间互评，培养学生自主学习能力。

3. 4人小组合作分场馆介绍钱学森博物馆，通过下面的评价表进行自评和互评。

Checklist 评价表	
Show the facts of the museum properly 恰当介绍博物馆的情况	
Introduce the museum in a polite and warm way 用礼貌热情的方式介绍	
Use vocabulary and grammar appropriately 词汇语法运用恰当	

教 学 设 计

【教学目标】

1. 通过参观"钱学森博物馆"，知晓科学家钱学森的生平事迹和博物馆的陈列。

2. 通过寻找和汇报科学家钱学森人生的5个重要抉择，运用学到的词汇和短语，感知钱学森先生的爱国热情和伟大成就。

3. 通过小组合作，按照展厅顺序用英语介绍钱学森图书馆，提升学生的语言迁移能力和文化自信。

【教学重难点】

1. 教学重点：了解钱学森的生平事迹和5个重要抉择。

2. 教学难点：按照展厅顺序介绍钱学森图书馆。

【教学资源】

影视资源，导学案，钱学森图书馆。

【教学过程】

环 节	教师活动	学生活动	设计意图
课前预习	指导学生课前观看《钱学森》电影和查阅相关资料，完成关于钱老主要信息的导学案 复习孙中山纪念馆这一节听说课，猜想钱学森图书馆将从哪几个方面设计	1. 观看电影，查阅资料 2. 完成导学案1和2（部分）中的内容	激活学生对于爱国主义科学家钱学森的初步认识，激活历史场馆介绍的相关背景知识，为沉浸式的探索课程做好知识和情感上的铺垫
参观实践	和学生一起参观，让带着导学案上的预测问题，从图书馆地理位置、开放时间、基本布局到钱学森事迹的陈列等不同方面记录钱学森图书馆的基本信息，并学习有关导弹和航天等科学词汇的用法	1. 参观钱学森图书馆 2. 自评并完成导学案任务2 3. 自主探究历史文化景点与著名人物相关信息	阅读钱学森信息时，培养学生的扫读能力和猜测词义的能力 培养学生的自主探索能力和信息搜集能力 在语境中使用英语的能力
对子活动	思考：钱学森作为一名伟大的科学家，一定经历过很多选择，那么最影响钱学森人生的重点选择有什么，请找出	学生两人一组找到钱老人生路上5次重大抉择，并进行1分钟英语介绍，选择是什么，钱老是如何做出选择的，遇到的困难是什么，是如何克服的。完成导学案3	激发学生对人生的思考，潜移默化地帮助学生树立正确的价值观

续　表

环　节	教师活动	学生活动	设计意图
小组活动	通过创设招募"双语星空讲解团"的情景,从4个展厅:导弹事业的贡献,理论研究的成就,爱国情怀,学习和成长经历等介绍钱学森图书馆	学生以小组为单位,4人一组,按照展厅顺序用英语介绍钱学森图书馆。完成导学案4	鼓励学生用英语介绍钱学森图书馆
课堂拓展——金点子	2022年是钱学森诞辰111周年,为了纪念钱学森为祖国做出的突出贡献,钱学森图书馆馆长邀请你设计一件面向国外游客的文创产品,要求突出钱老的贡献,可配图,产品说明书需双语释义,积极正能量	学生自己设计钱学森诞辰111周年的文创产品	激发学生学习英语兴趣,鼓励学生尽可能地将实际生活与英语学习融合

附：

导　学　案

1. What I know about Qian Xuesen

Date of birth	
Place of birth	
Job	
Learning experience	1923：
	1929：
	1935：

续　表

achievement	
The most unforgettable part about him	

2. What I expect to see in Qian Xuesen Library&Museum (tick, and write down the basic information while visiting)

☐ location:

☐ opening time and closing time:

☐ entrance fees:

☐ size:

☐ statue:

☐ history of Qian Xuesen as a student:

☐ history of Qian Xuesen as a scientist:

☐ achievement:

☐ exhibition about the space exploration:

3. Five important decisions in Qian's life

1)

2)

3)

4)

5)

4. Volunteer wanted — "I am a bilingual guide"

Welcome to Qianxuesen's Library & Museum ...

5. 课外拓展——金点子

2022年是钱学森诞辰111周年,为了纪念钱学森为祖国做出的突出贡献,钱学森图书馆馆长邀请你设计一件面向国外游客的文创产品,要求突出钱老的贡献,可配图,产品说明书需双语释义,积极正能量,期待大家的创意!

从静电起火小处着眼
到导弹实体大处上心

上海市南洋初级中学　王潇毅

一、教材分析

本课涉及的主要内容是讲解静电现象、静电产生的方式、静电的危害以及静电与导弹的关系,可看作是初高中电学的衔接拓展内容。

初中九年级第一学期第七章第一节《电流　电压》的课程内容为电荷、电流等,由摩擦介绍了自然界中存在两种电荷,但后续的电学内容并未涉及静电部分;高中物理课本中电学部分虽然包含有静电部分,但其还涵盖了静电平衡和静电屏蔽等相关的知识点。由此可见本节《静电起火》的知识内容在一定程度上超越了初中物理电学的知识要求,但另一方面其也未达到高中物理对静电相关知识的内容要求,因而本节课相当于初高中电学的衔接拓展内容。

基于此,本节课的教学倾向为拓展课,着重于让学生了解静电的相关知识。本节课为馆校合作项目而设计,因而在课程设计上要求将教学知识点与人物钱学森先生相联系,而本节课所学的静电知识则架起来了物理知识与合作项目之间的桥梁。

二、学情分析

学生在物理课堂中已经了解了摩擦起电现象、两种电荷及其相互作用的规律,能解释简单静电现象。在科学课中,学生已经了解摩擦起电现象是人类最早发现的电现象,应该说学生对这一现象比较熟悉,也比较感兴趣,而生活常见的一些静电现象及其产生原因,则需要在"两种电荷及其相互作用的规律"的基础上进一步学习与理解,可见本节课内容有利于培养学生密切联系实际、运用科学知识解释一些自然现象的习惯和能力,更重要的是激发学生的学习兴趣,提高科学素质。

三、教学策略与方法

本节课的重点为静电的产生方式、静电的危害以及钱学森为我国导弹发展和航天航空事业发展的贡献。

对于教学重点"静电产生的方式",本节课学生需要了解3种起电方式,其中接触起电作为了解内容,知道存在此种起电方式即可;对于感应起电,通过视频了解起电原理即可;而对于摩擦起电,学生在已学知识内容和探究实验的基础上能解释摩擦起电的本质。

出于馆校合作项目的需要,考量物理知识本身特点,本节课的教学重点为"静电的危害"。从课程内容的角度,静电的危害确实是本节课学习的核心知识点,从馆校合作的角度,通过静电危害的学习,学生能更深切地感受钱学森对导弹事业发展的贡献。本节课主要从实验与理论两方结合讲解静电的危害。

四、教学评价方式或方法

在课堂教学中,学生在了解静电本质的基础上,能说出静电产生的方式,能解释"静电飞花"的原理,能解释生活中的静电现象,能自主设计静电实验。

在参观钱学森图书馆的基础上,了解钱学森先生为我国航天事业所做贡献,了解钱学森先生为我国教育所做贡献,在所学所感所悟的基础上,每位同学能谈一谈自己的感受。

教 学 设 计

【教学目标】

1. 观察起电现象,了解物理中常见的感应起电、接触起电和摩擦起点等3种起电方式,梳理起电与静电之间的关系,在探究静电起火中学会物理知识的应用,让学生在探索学习知识的过程中领悟物理学研究的方法。

2. 了解带电体的性质,知道自然界中只有两种电荷,在探究3种起电方式的基础上掌握同种电荷相互排斥、异种电荷互相吸引的知识点,进一步培养实事求是、认真细致的科学态度。

3. 了解静电的危害,通过静电是导弹的无声杀手的知识学习,体悟钱学森先生在我国导弹制造中的伟大贡献,并通过参观钱学森图书馆的方式,了解钱学森先生为我国航天事业的付出,切身感悟钱学森先生之所以能取得如此成,就在于其对于学术的认真严谨与追求。

4. 能对自然界中有关的静电现象进行合理的解释,在探究生活中自然现象的过程中发展探索科学奥秘的兴趣。

【教学重难点】

重点:认识自然界只有两种电荷及其作用的规律,知道静电产生的3种方式。

难点:探究并解释静电产生的方式。

【教学资源】

课堂资源:感应起电机、羊毛、塑料板、金属板、小纸片、酒精、灭火罩。

课外资源:钱学森图书馆。

【教学过程】

学习内容	教师活动	学生活动	设计意图
课前引入	【实验——"静电飞花"】羊毛与塑料板相互摩擦,再将放有小纸片的金属板与塑料板通过螺丝钉相接触,当金属板抬起时,就能看到小纸片向上飞起	观察并思考"静电飞花"的实验场景,利用之前所学的知识解释实验现象	复习回顾电荷间相互作用的知识点,并通过实验激发学生的上课兴趣

续 表

学习内容	教师活动	学生活动	设计意图
新课教学： 一、探究静电产生的原因	【1. 什么是静电】 现象：以图片的方式展示生活中一些静电现象——摸门把手感到触电、头发被气球吸引、毛衣噼啪作响 原因：静电的本质——静电并不是静止的电荷，是宏观上暂时停留在某处的电荷。静电是电荷的重新分布形成的	提出疑问：这些现象是怎样产生的？	用生活中的静电现象引入课题，激发学生的学习兴趣
	【2. 静电产生的方式】 探究一：摩擦起电 实验器材：包有铝箔纸的塑料小球（铝箔小球）、羊毛、塑料板 实验过程：将铝箔小球放在用羊毛摩擦过塑料板上	利用已学知识，解释实验现象——塑料板带上了负电荷，铝箔是一个导体，铝箔小球放在塑料板上后，因为	学生有科学课和之前所学知识的基础，最为了解摩擦起电，因而以摩擦起电为起点，介绍感应起电，大致了解接触起电

从静电起火小处着眼　到导弹实体大处上心

续 表

学习内容	教师活动	学生活动	设计意图
新课教学： 一、探究静电产生的原因	实验现象：铝箔小球会在塑料板上弹跳，直至离开塑料板 实验原理：同种电荷相排斥 探究二：感应起电 通过视频，了解感应起电的原理 静电感应起电机产生电荷，电荷通过悬空电刷进入莱顿瓶并储存在其中。若两个莱顿瓶集聚不同种电荷，则两只放电小球上就会被感应出不同种电荷，当两小球靠近时，就会因放电而产生电火花	受到接触同样也会带上负电荷，同种电荷相排斥，小球会在塑料板上弹跳起来	

续 表

学习内容	教师活动	学生活动	设计意图
新课教学：一、探究静电产生的原因	总结：3种起电方式——摩擦起电、感应起电、接触起电 应用：解释产生"静电飞花"原因 当抬起金属板，金属板下方的正电荷重新分布于上下表面，上表面的小纸片也同样带有了同种电荷，迅速排斥，并且按照平面电荷电力线的分布快速飞起，犹如天女散花一般		
新课教学：二、静电的危害	【3. 静电的危害】 探究三：静电起火 实验器材：感应起电机、加热后的酒精、灭火装置 实验过程：将感应起电机的金属杆放置在加热后的酒精上，旋转手柄，加速至两金属杆产生电火花 实验现象：静电火花点燃酒精气体	观察、了解、讨论、掌握静电的危害，第一种危害来源于带电体的互相作用，第二种危害是有可能因静电火花点燃某些易燃物体而发生爆炸	通过探究静电危害，为之后介绍钱学森先生做铺垫。同时，帮助学生了解静电危害，也有利于学生在日常生活中注意和防范静电

续 表

学习内容	教师活动	学生活动	设计意图
新课教学：二、静电的危害			
课堂拓展	【4. 导弹的无声杀手——静电】通过观看视频资料和阅读文字资料的方式，了解静电对于导弹的影响，引入本节课学习人物——钱学森		
课外联动	1. 参观钱学森图书馆 了解钱学森先生为我国航天航空事业发展所做出的贡献 2. 小小感悟我来谈 参观完成后，结合本节课的学习，谈一谈自己学习和参观的感悟		

附：

教 学 详 案

一、课堂引入

【小实验——"静电飞花"】

在金属板上撒上小纸片 　　　羽毛与塑料板相互摩擦

金属板与塑料相互接触 　　　小纸片从金属板上"飞起"

师：同学们，我们看到，载有小纸片的金属板和摩擦过的玻璃板接触后，当金属板离开塑料板后，金属板上的小纸片会"飞起"。同学们，你们猜测一下，"飞花"的实验现象中可能运用到了什么的物理知识呢？

生：在实验过程中，羽毛与塑料板发生了摩擦，发生了电荷转移，我猜，这个实验现象中一定存在了电荷间的相互作用。

师：同学们提出的猜想有理有据，很不错。在刚才的实验中，确实存在了电荷间的相互作用，即同种电荷相互排斥，异种电荷相互吸引。

师：其实啊，刚才的小实验叫作"静电飞花"。我们已经观察到了

"飞花"的现象,那么本节课我们就来了解一下,什么是静电,为什么会产生静电,静电会带来哪些影响,我们该如何防止静电。

二、新课教学

1. 什么是静电

毛衣摩擦静电

梳子与头发摩擦静电

触摸门把手静电

师:静电在日常生活中是很常见的,相信同学们在生活中一定都曾感受过。冬天的时候,常常会碰到这样的现象:晚上脱衣服睡觉时,黑暗中常听到"嘭啪"的声响,而且伴有蓝光;早上起来梳头时,头发会经常"飘"起来,越理越乱;拉门把手、开水龙头时都会"触电",时常发出"啪"的声响,这些都是人体的静电现象。

那么,同学们知道,什么是静电吗?

生:静电从字面意思上看,是静止的电荷吗?

师:静电并不是静止的电荷,是宏观上暂时停留在某处的电荷。

静电是通过摩擦或由于电荷相互吸引引起电荷的重新分布而形成的。当电荷聚集在某个物体上或表面时就形成了静电,一般情况下正电荷与电子的负电荷相等,正负平衡,所以不显电性。

所谓静电,就是一种处于静止状态的电荷或者说不流动的电荷

（流动的电荷就形成了电流）。当电荷聚集在某个物体上或表面时就形成了静电，而电荷分为正电荷和负电荷两种，也就是说静电现象也分为两种即正静电和负静电。当正电荷聚集在某个物体上时就形成了正静电，当负电荷聚集在某个物体上时就形成了负静电，但无论是正静电还是负静电，当带静电物体接触零电位物体（接地物体）或与其有电位差的物体时都会发生电荷转移，就是我们日常见到火花放电现象。

简而言之，静电的本质就是电荷的重新分布形成的。

2. 静电产生的方式

【探究一：摩擦起电】

师：既然静电产生的本质是原本处于电荷平衡的物体发生电荷的重新分配，那么有哪些方式可以让电荷重新分配呢？

生：我们可以通过摩擦的方式产生电荷。在之前的课程中，我们学过毛皮摩擦过的橡胶棒带正电荷，丝绸摩擦过的玻璃棒带负电荷，摩擦能使不带电的物体带有电荷，说明摩擦可以起电，从而产生静电现象。

实验器材：包有铝箔纸的塑料小球（铝箔小球）、羊毛、塑料板。

实验过程：将铝箔小球放在用羊毛摩擦过的塑料板上。

实验现象：铝箔小球会在塑料板上弹跳，直至离开塑料板。

摩擦起电实验

实验原理：毛皮在摩擦塑料板的过程中，塑料板带上了负电荷，铝箔是一个导体，铝箔小球放在塑料板上后，因为接触，同样也会带上负电荷,由此可以看到同种电荷相排斥的现象,即小球会在塑料板上弹跳起来。

【探究二:感应起电】

师:除了摩擦起电的方式以外,物理中还有感应起电的方式。今天,老师给同学们带来了一个物理中用于感应起电的装置,叫作感应起电机。

感应起电机　　　　　　　　感应起电机产生电火花

师:下面请同学一起观看视频,了解感应起电的原理。

静电感应起电机在两个塑料圆盘上,粘贴了若干导电铝片,在圆盘旁边连接着铜丝,在圆盘转动过程中,铜丝接触铝片后,产生了电荷,电荷通过悬空电刷进入莱顿瓶并储存在其中,另外一端的圆盘也同样与铜丝摩擦后产生电荷,通过金属杆传送到莱顿瓶内并储存在其中。若两个莱顿瓶集聚不同种电荷,则两只放电小球上就会被感应出不同种电荷,当两小球靠近时,就会因放电而产生电火花。

师:关于静电产生的方式,我们从生活中了解到摩擦起电,亲眼看到了感应起电,除此以外,物理中还存在着接触起电。现在,你能用我们所学知识解释一下课程开始之前"静电飞花"的实验现象吗?

生:毛皮摩擦塑料板,毛皮带正电,塑料板带负电。不带电的金属薄板靠近表面分布有负电荷的塑料板,由于静电感应,金属板上下面会分别感应有等量的负电荷和正电荷,当金属板接触到金属螺丝后,金属板与地球连成一体,上表面的负电荷导入大地,所以此时人手触摸金属板时没有影响,下表面的正电荷受到塑料板负电荷的束缚而不变。金属板上的小纸片也因为不带电而安静地停留在金属板上。当抬起金属板,断开与金属螺丝的接触,即不接地了,金属板下方的正电荷重新分布于上下表面,上表面的小纸片也同样带有了同种电荷,迅速排斥,并且按照平面电荷电力线的分布快速飞起,犹如天女散花一般。

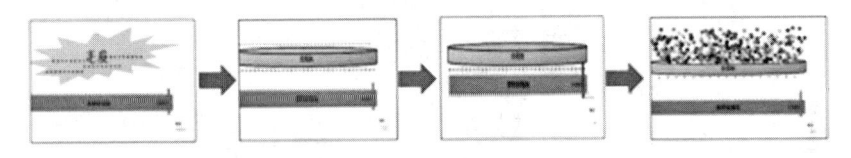

"静电飞花"实验的理论分析过程

3. 静电的危害

师:我们了解了什么静电,了解了静电可能产生的方式,生活中,人们可以利用静电原理进行静电复印、静电植绒、静电除尘,可与此同时,静电现象所带来的危害也是巨大的。同学们,你们知道生活中有哪些静电的危害吗?

生:静电可能会引发起火或者爆炸。

师:同学们说得没错,静电的危害很多,它的第一大危害来源于带电体的互相作用,比如在飞机机体与空气、水气、灰尘等微粒摩擦时会使飞机带电,如果不采取措施,将会严重干扰飞机无线电设备的正常工作;静电的第二大危害,是有可能因静电火花点燃某些易燃物体而发生爆炸,比如手术台上,电火花会引起麻醉剂的爆炸,伤害医生和病人;在煤矿,则会引起瓦斯爆炸,会导致工人死伤,矿井报废。总之,静电危害起因于带电体和静电火花,静电危害中最严重的静电放电引起可燃物的起火和爆炸。

【探究三:静电起火】

实验器材:感应起电机、加热后的酒精、灭火装置。

实验过程：将感应起电机的金属杆放置在加热后的酒精上，旋转手柄，加速至两金属杆产生电火花。

实验现象：静电火花点燃酒精气体。

静电起火过程

实验原理：静电满足某些条件时就会引发火灾。首先是具有产生和积累静电的条件，包括物体自身带电性质、周围与之相接触物体的静电起电能力以及能够积累电荷的环境条件，其次是静电放电能量，当其大于或等于可燃物的最小点火能量时，能成为可燃物的引火源，最后是周围和空间必须有可燃物存在（如可燃气体、易燃液体、可燃粉尘等）。

4. 导弹的无声杀手——静电

师：下面，请同学们观看电影《我和我的父辈》中这一部分的视频，观察静电现象对导弹制作的影响。

生：可以看出，小小静电可以引发导弹燃料的爆炸。

师：是啊，小小的静电现象竟然可以导致燃料的爆炸，而静电，被称为导弹的无声杀手。请同学们阅读资料卡，了解下静电对导弹制造、发射以及运动中的危害。

师：既然静电对于导弹的危害这么大，那么自然要消除静电的危害，而在我国导弹的制造发展中，有一个人在静电方面做出了巨大的

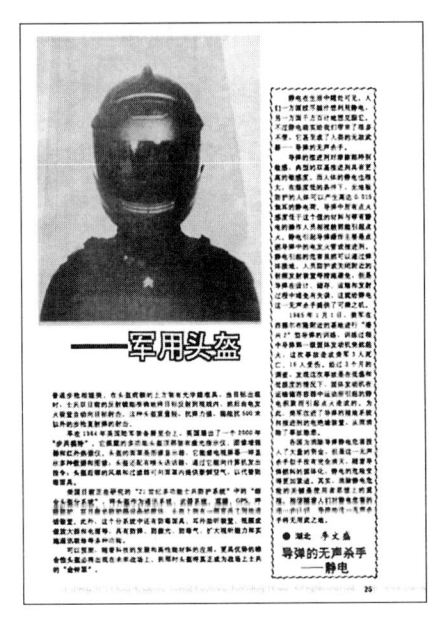

贡献,他就是我们伟大的物理学家钱学森。

相信在今天的学习过程中,相信同学们已经体会到每一个小小知识的来之不易了吧,可消除静电也只是钱学森先生为我国科学发展特别是导弹发展所做出贡献的一小部分,下面,请同学们走进钱学森图书馆的"中国航天事业奠基人",看看他为中国航天事业以及中国物理教育发展所做出的贡献。

开启钱馆寻访之旅,尽情绽放生命之花

上海市南洋初级中学 夏 珍

一、教材分析

本课内容选自道德与法治学科六年级全一册第四单元第十课绽放生命之花,在现有教材内容基础上,根据深化课程改革的相关要求,围绕"双新"课程的开展,调整第一框感受生命的意义和第二框活出生命的精彩的部分内容,补充利用钱学森图书馆的相关资源,开展教学活动。本课通过寻找什么是钱老的选择、讨论钱老做出这些选择的影响、思考我们应该怎样做这一问题链,借用钱馆的文字和实物资源,比如文字介绍、书信、视频资源、图片等,让学生真切地感受到生命的意义,能从对于自己、对他人和社会、对国家和人类等3个层次感悟生命的精彩,鼓励学生去发现和创造自己生命的未来。

二、学情分析

初中学生由于知识、阅历的限制,对于生命的意义更是缺乏基本的认知。本课的生命教育是针对初中学生这种特定的生理、心理特点和认知规律而展开。本课试图通过对生命意义的思考和探寻,使初中学生健康地成长并焕发出生机与活力,帮助其平稳地度过青春期,唤醒学生珍惜生命,树立正确的人生观、价值观,理解生命的意义,实现生命的价值。实际上,本课内容在学习过程中会让学生觉得空乏,尤其是涉及个体生命对自己、对他人和社会、对国家和人类的价值时,学生会觉得遥远和陌生,而进馆学习能很好地弥补这一缺憾，在钱馆中学生可以置身于真实的历史环境中，真切地感受到钱老的一言一行，从而对这一内容有更深刻的体会。

三、教学策略与方法

议题一（是什么）：寻找什么是钱老的选择：把钱老的一生中选择3个主要节点，主要包括求学经历、归国风波、取得成果等3个阶段，让学生自主在馆内参观去完成学习任务单上的相关内容。

议题二（为什么）：讨论钱老做出这些选择的影响：学生分享自己的寻访结果，并且用钱馆中的系列资源证明自己的分析。

议题三（怎么办）：思考我们应该怎样做：学生进行微演讲，自己的人生规划是什么，以及在当下应该采取怎样的行动去实现它。

四、教学评价方式与方法

1. 能够找到相应的文字和实物材料，并且进行简要概况，文字简洁，表达流畅。
2. 在演讲过程中，声音洪亮，情感真实，价值观正确。
3. 在整个活动过程积极参与，主动表达自己的观点。

教 学 设 计

【教学目标】

理解不同的人对待生活和生命的态度不同，生命的意义也不同，理解生命对于自己、对他人和社会、对国家和人类意义，愿意去探索和创造自己生命的意义，初步学会在平凡的生活中活出生命的精彩。

【教学重难点】

教学重点：如何理解生命的意义。

教学难点：如何理解向死而生，编织自己生命的未来。

【教学过程】

教学环节	教师活动	学生活动	设计意图	评价方法
新课导入	结合学习任务单,课前任务 分享你的故事 请选择你身边的某一个人,进行采访 1. 请说说你活着是为了什么? 2. 你认为自己的人生是值得的吗?	依据自己的经历,回答问题	故事导入,引发学生学习兴趣	是否完成问题,文字表达是否简洁流畅;观点是否真实清晰
讲授新课	议题一:寻找什么是钱老的选择 在不同的阶段,钱老的选择是什么,并且写出你的依据 在整个青少年求学期中,钱老的学习志向和学习专业是什么? 在祖国召唤海外学子时,钱老的选择是什么? 在参与国内建设过程中,面对一系列的荣誉和赞美,钱老的选择是什么?	在钱馆内自主参观,完成学习任务单	通过学生的自主探索,理解不同的人对待生活的态度不同,生命的意义不同	是否能找到相应的文字和实物材料,并且进行简要概况,文字是否简洁,表达流畅
	议题二:讨论钱老做出这些选择的影响 选择1:高中、大学、研究生分别选择…… 选择2:放弃优渥条件,克服困难,选择回国 选择3:荣誉和成就是属于集体、属于人民 学生分享自己的寻访结果,并且用钱馆中的系列资源证明自己的分析	展开辩论,阐述观点	通过对这三个选择的讨论,引导学生理解生命对于自己、对他人和社会、对国家和人类的意义	

续　表

教学环节	教师活动	学生活动	设计意图	评价方法
讲授新课	议题三：思考我们应该怎样做 出示材料：习近平《在纪念五四运动100周年大会上的讲话》：把自己的小我融入祖国的大我、人民的大我之中…… 下定决心，不怕牺牲，排除万难，去争取胜利 思考：从材料中，对于我们青少年的未来的发展与规划，你获得了什么启发？	阅读材料，感悟内容	引导学生立志，鼓励学生关心他人，亲近社会，让生命从平凡中闪耀出伟大	是否认真阅读材料，主动表达自己的观点
	学生进行微演讲，自己的人生规划是什么，以及在当下应该采取怎样的行动去实现它	进行微演讲		声音是否洪亮，情感是否真实，价值观是否正确
课堂小结	人的生命虽然短暂有限，但是我们可以去充实和拓宽生命，在为他人和社会奉献的过程中延续生命，实现生命的价值。钱老用他的一生向我们诠释了生命的真正价值，在于生活和社会的付出和奉献。希望我们也能在自己的生活中，用认真、勤劳、善良、坚持、责任、勇敢书写自己的生命价值			

附：

教 学 详 案

一、新课导入

钱馆门口

师：同学们，今天我们将在钱馆共同学习，希望大家能够在即将开启的钱馆寻访之旅中,有更多的收获。

进门大厅

师:同学们,请结合学习任务单,课前任务,思考你的故事中的两个问题。

问题1:请说说你活着是为了什么? 2. 你认为自己的人生是值得的吗?有同学们愿意分享一下吗?

生1:我妈妈觉得她自己生活的动力是我的健康与幸福,她觉得她的人生是值得的。

生2:我问的我的小伙伴,她说她是为了吃更多的美食,她是个小吃货,她也觉得能品尝更多的美食,是值得的。

师:请问你有没有想过你活着是为了什么呢?你觉得值得吗?

生2:大概是学习,我妈妈开心吧,还好吧,还是值得的。

生3:我采访楼下的爷爷,他活着是能够有更幸福的生活,挺值得的。

师:大家分享了各自的采访结果,我们从沟通分享中,也了解到,不同的人对于人生意义、人生价值有着不同的理解,而钱学森曾说:"我作为一名中国的科技工作者,活着的目的就是为人民服务。如果人民最后对我的一生所做的工作表示满意的话,那才是最高的奖赏。"今天我们一起来了解钱学森的故事。

二、讲授新课

展厅门口

师:请大家参加学习任务单的要求,完成议题一和议题二的相应内容。议题一,寻找什么是钱老的选择,在不同的阶段,钱老的选择是什么,并且写出你的依据。

在整个青少年求学期中,钱老的学习志向和学习专业是什么?

在祖国召唤海外学子时,钱老的选择是什么?

在参与国内建设过程中,面对一系列的荣誉和赞美,钱老的选择是什么?

议题二,(为什么):讨论钱老做出这些选择的影响。

学生进行参观。

生1：高中、大学、研究生分别选择……

生2：放弃优渥条件，克服困难，选择回国。

生3：荣誉和成就是属于集体、属于人民。

演讲大厅

师：大家分享自己的寻访结果，并且用钱馆中的系列资源证明自己的分析，非常棒。接下来，请大家看着自己任务单的议题三的材料内容，即习近平《在纪念五四运动100周年大会上的讲话》：把自己的小我融入祖国的大我、人民的大我之中，以及我们身后的导弹上的白色文字：下定决心，不怕牺牲，排除万难，去争取胜利。思考，对于我们青少年的未来的发展与规划，你获得了什么启发？

生1：我们应该目光长远，想想自己能做什么事。

生2：做的事情要和大家相关，为社会做贡献。

生3：实现人生价值可能并不简单，哪怕遇到困难也要学会坚持。

师：大家谈到了各自的理解，我认为其中包含了习主席对我们青少年的期望和钱老不怕困难，努力奋斗的决心，所以大家能想一想，你将来的人生会是什么样子呢？请大家完成议题三的第二部分内容，写一写你的演讲提纲，然后我们在小礼堂进行微演讲，谈谈你自己的人生规划是什么，以及在当下应该采取怎样的行动去实现它。

学生进行演讲。

三、课堂总结

师：听了大家的演讲，我很感动，我想今天同学们积极的面貌、激昂的表达、闪光的理想，是送给钱老最美的礼物，你们正是钱老眼中所希望的未来。人的生命虽然短暂有限，但是我们可以去充实和拓宽生命，在为他人和社会奉献的过程中延续生命，实现生命的价值。钱老用他的一生向我们诠释了生命的真正价值，在于生活和社会的付出和奉献。希望我们也能在自己的生活中，用认真、勤劳、善良、坚持、责任、勇敢书写自己的生命价值。

四、作业布置

完成自评,上交学习任务单。

道德与法治 学习任务单

姓名:_____ 班级:_____ 学号:_____

课题	开启钱馆寻访之旅,尽情绽放生命之花
教学目标	理解不同的人对待生活和生命的态度不同,生命的意义也不同,理解生命对于自己、对他人和社会、对国家和人类意义,愿意去探索和创造自己生命的意义,初步学会在平凡的生活中活出生命的精彩

课前任务:分享你的故事
结合你的经历,回答以下问题
请选择你身边的某一个人,进行采访
1. 请说说你活着是为了什么?
2. 你认为自己的人生是值得的吗?
课堂任务:
【议题一:寻找什么是钱老的选择】
请分享课前任务1
请在钱学森图书馆中自主参观,回答下列问题。
1. 在整个青少年求学期中,钱老的学习志向和学习专业是什么?你参考的依据是什么?
2. 在祖国召唤海外学子时,钱老的选择是什么?你参考的依据是什么?
3. 在参与国内建设过程中,面对一系列的荣誉和赞美,钱老的选择是什么?你参考的依据是什么?
【议题二:讨论钱老做出这些选择的影响】
1. 在整个青少年求学期中,钱老选择的学习志向和学习专业有什么影响?你参考的依据是什么?
2. 在祖国召唤海外学子时,钱老作出的选择有什么影响?你参考的依据是什么?
3. 在参与国内建设过程中,面对一系列的荣誉和赞美,钱老作出的选择有什么影响?你参考的依据是什么?
【议题三:思考我们应该怎样做】
材料一:2019年4月30日,习近平《在纪念五四运动100周年大会上的讲话》中指出:青年的人生目标会有不同,职业选择也有差异。但只有把自己的小我融入祖国的大我、人民的大我之中,与时代同步伐、与人民共命运,才能更好

续 表

实现人生价值、升华人生境界。离开了祖国需要、人民利益,任何孤芳自赏都会陷入越走越窄的狭小天地。
材料二:下定决心,不怕牺牲,排除万难,去争取胜利。——钱学森
思考:从材料中,对于我们青少年的未来的发展与规划,你获得了什么启发?

微演讲
我希望我的未来能够成为＿＿＿＿＿＿,为了实现它,我打算＿＿＿＿＿＿＿。

【我给自己打打分】
议题　寻找什么是钱老的选择　完成度☆☆☆☆☆
议题二　讨论钱老做出这些选择的影响　完成度☆☆☆☆☆
议题三　思考我们应该怎样做　完成度☆☆☆☆☆
综合评价☆☆☆☆☆

穿越时空，与钱学森先生共话数学

上海市南洋初级中学　赵　颀

一、教材分析

在初中阶段，数学建模能力是对初中生学习数学的一大要求。而在培养初中生核心素养的教育背景下，数学建模能力不但要求学生具备较熟练的数学运算、逻辑推理、直观想象能力，还需要根据已学知识，建立完善的数学知识架构和体系，以此不断丰富自己的学习内容，便于应用已有的知识建立数学模型，以此解决更多复杂的数学问题。

在现有教材内容的基础上，根据深化课程改革的相关要求，围绕学科核心素养的落实，充分利用区域场馆资源优势，结合全方位育人的思想，依据馆内资源，从用字母表示数、用计算尺计算乘法等不同角度整合教学资源，立足爱国主义构建本课，培养学生的数学建模思想。

二、学情分析

对于初中数学学习来讲，建模就是一种能多角度解决问题的有益办法，因此学生要先领会解决问题的多种模式及形成建模思想，建模大多是解决实际生活问题。本节课的授课对象为初中七年级的学生，这个年龄段的学生比较活泼，有较强的求知欲，课堂表现较为活跃。对于本节课的学习，学生已有一定的认知基础。在七年级的学习中，一方面，学生已经接触了用字母表示数；另一方面，学生在六年级学习了一次方程的应用；这些知识的储备为本节课的学习打下了良好的基础。

三、教学策略与方法

在教法上，本课首先以任务为驱动，将爱国主义教育以"润物细无声"的方式融合在任务的设计中。以搭建学习支架的方式让学生逐步达成教学目标。其次，围绕"情境带入，情感体验"的方式，使学生沉浸在钱学森图书馆的学术氛围中，体验数学模型为解决数学问题所带来的方便。

四、教学评价方式或方法

1. 小组讨论：通过观察、讨论，分享"我发现的数学规律"，展现数学逻辑、数学思维。

2. 我的学习困惑：在导学案中梳理学习困惑，互帮互助答疑解惑，形成团结互助的学习氛围。

3. 收获与展望：谈谈学习成果与参观后的收获，激发学习的兴趣，促进榜样的学习动力。

以上都是主观评价，旨在正向引导学生学习兴趣，触发学习持久动力，形成良性的学习氛围。

教 学 设 计

【教学目标】

1. 培养数学应用意识和观念：学生遇到实际问题时，能够利用已有知识，从数学的角度审视问题、分析问题和解决问题。

2. 培养学生用数学的能力：在解决实际问题的过程中，培养学生从问题中抽象出数学问题的能力。

3. 培养学生树立正确的数学观：通过体会数学建模思想，使学生感受数学不仅是人们认识世界的工具，还是一门艺术。

4. 激发学生的学习热情和爱国情怀：通过参观与知识迁移，了解钱学森对国家的贡献，体会钱学森深厚的家国情怀，厚植爱国荣国的信念。

【教学重难点】

1. 教学重点：将实际问题抽象概括为数学问题、数学表达。

2. 教学难点：引导学生抽象概括过程。

【教学资源】

1. 教具：导学案。

2. 学具：笔记本、文具、计算尺。

【教学过程】

学习内容	教师活动	学生活动	设计意图
课前活动	带着问题观察序厅中的艺术造型"升腾的智慧"，引导学生观察艺术造型"升腾的智慧"，发现规律	观察艺术造型"升腾的智慧"，以小组为单位，数一数1—8层各有多少份手稿	引导学生沉浸在钱馆浓厚的学术氛围中，感知钱学森先生98年的壮丽人生。为学生创设具有家国情怀的情境
讲授新课	1. 解读"升腾的智慧"，讨论艺术造型的设计规律，并引导学生用数学语言表达 2. 探究计算尺计算乘法的方法，总结其规律，拓展其原理	1. 小组讨论，交流规律，得出结论 2. 观察计算尺，了解计算尺计算乘法的方法	通过体会数学建模思想，使学生感受数学不仅是人们认识世界的工具，还是一门艺术
课后作业	估算书籍数量的方法	复习估算的方法，让学生提出不同的估算方法，并说明理由	感受数学思想方法，促进知识迁移
课堂小结	今天你有哪些感触和收获要跟同伴分享？	学生自由发言	整理、巩固本节所学，激发学生的爱国之心

续 表

学习内容	教师活动	学生活动	设计意图
课后拓展	1. 布置课后探究主题：计算尺的乘法计算原理 2. 表现钱老爱国事例的事情还有很多，请同学们参观钱学森图书馆，寻找其他表现家国情怀的事件	1. 学生课下查阅相关资料 2. 参观馆内布置，寻找家国情怀元素	结合家国情怀，在钱馆中找到不同形式的爱国元素，体会科学家的爱国热情，知行并进，厚植爱国主义情怀

附：

教 学 详 案

一、课前活动

带着问题观察序厅中的艺术造型"升腾的智慧"

师：同学们，今天我们来到钱学森图书馆，穿越时空，跟着钱老的步伐，体验一把"小小科学家"。

科学家的计算能力往往都不容小觑，下面，我们一起来挑战一下自己的计算能力吧！这里是钱学森图书馆的序厅，这个艺术造型"升腾的智慧"共由 4 015 块钱学森的手稿所组成，现在已知手稿共有 26 层。

请大家仔细观察这个艺术造型，并数一数：1—8 层各有几份手稿？请大家以小组为单位讨论，并把讨论的结果填写在导学案上。

二、讲授新课

1. 解读"升腾的智慧"，讨论艺术造型的设计规律

师：你们小组讨论的结果是什么？

生：第 1、2 层各为 1 份手稿，第 3、4 层各为 9 份手稿，第 5、6 层各为 25 份手稿，第 7、8 层各为 49 份手稿。

师：你发现了什么规律？

生：第1、2层，第3、4层，第5、6层，第7、8层的手稿数量是相同的，第9、10层，第11、12层……的数量也是相同的。

生：我还发现奇数层的手稿数量是这个奇数的平方，而偶数层的手稿数量是这个偶数减1的平方。

师：非常好，大家都能准确发现并陈述这个造型的规律。科学家的计算能力是不容小觑的，接下来你们能不能挑战一下"小小科学家"，准确而又迅速地计算出第17、18层手稿的数量？第25、26层呢？

生：第17、18层应该有289份手稿，第25、26层应该有625份手稿。

师：同学们计算得真是又对又快！我们知道，用字母表示数能给我们的计算带来极大的方便，这里我们假设层数是 n，你能用含 n 的字母表示出这个艺术造型的规律吗？

生：当 n 为奇数时，第 n 层有 n^2 份手稿；当 n 为偶数时，第 n 层有 $(n-1)^2$ 份手稿。

师：这里 n 是任意数吗？它有没有取值范围呢？

生：n 是大于等于1小于等于26的正整数。

师：在用字母表示具有实际意义的数时，往往要考虑字母的实际意义。

师：请大家再思考一下，这样总数还是4 015块吗？以小组为单位，去展厅里验证你的答案吧！

生：不是，是5 850块。

师：那为什么题目会是4 015块手稿呢？

生：有疑问。

师：其实啊，刚刚我们一起研究的这个红色立体造型——"升腾的智慧"，是钱学森爱国、奉献、智

升腾的智慧

慧的化身。它的中心区域几层没有放满手稿，不过因为是中心区，所以从外面是看不到的。这样这个红色立体造型就有了4 015份手稿，而这4 015页"钱学森手稿"组合而成的倒三角艺术装置，如同一朵蓬勃的蘑菇云在空中升腾，寓意钱学森从1955年10月回国到1966年主持"两弹结合"试验获得成功所历经的4 015个日日夜夜。上下延续9.8米的高度，象征钱学森98年的壮丽人生。

2. 探究计算尺计算乘法的方法

师：钱老不仅在航空航天领域做了巨大贡献，在平常生活中，他也非常热心帮助困难同学，老师在这里就给大家讲一个钱老的小故事：在20世纪70年代计算机出现之前，计算尺一直都是使用最广泛的计算工具，1961年，钱老正在中科大力学系任教，力学系的同学们在完成作业时，都需要进行复杂的数学计算，按理应该人手一把计算尺，但钱老却发现，班里有2/3的同学不能按时完成数学作业，原来一把计算尺要价10多元，而当时一个工人一个月的工资只有二三十元，很多同学因为家境贫寒而无力负担，于是钱老毫不犹豫地拿出自己中科院自然科学奖金一等奖的1万多元奖金，为学生购置计算尺。

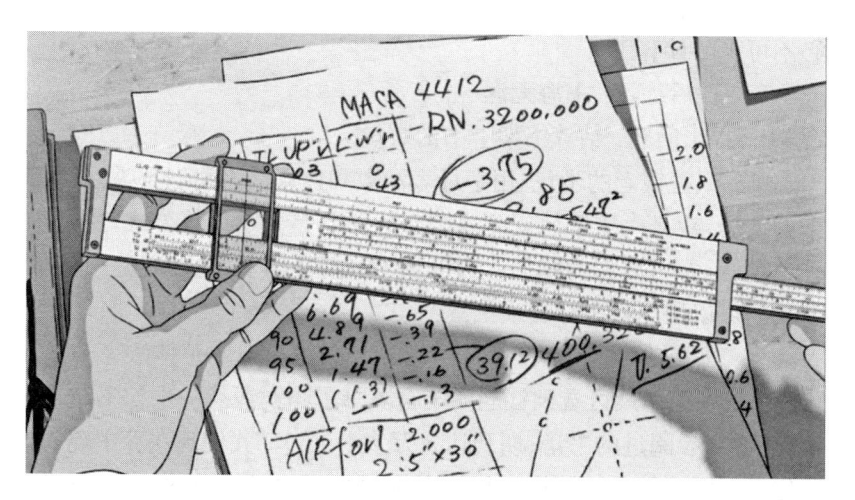

计算尺

师：请大家移步到第一展区,你找到一把古老的计算尺了吗?现在,我们跟随钱老的步伐,一起来看一下,这把计算尺是如何方便科学家们进行数学计算的。首先,我们一起来认识一下计算尺(介绍计算尺各部分的名称),然后请"小小科学家"们以小组为单位,拿出你手中的计算尺,把游标上的标线和固定尺上的刻度对其,观察尺子上其他记号的相对位置,便能实现数学运算了。举例：计算$2 \times 3 = 6$。

生：在计算机问世之前,还有这么高效的工具呢!

生：这也太神奇了!

师："小小科学家"们,接下来请大家用计算尺来计算一下2.3×3.7的结果。

生：8.51。

师：将滑尺起始刻度1与A标尺的刻度1.8对齐,滑尺上的数字于A尺标的刻度对应,游标刻线停在滑尺的2.1刻线上,对应A尺标的刻线————就是最终的计算结果。

生：3.78。

师：你们真棒!通过刚才的操作不难发现,计算尺为我们的科学研究带来了极大的方便,它是1970年代以前中国的理工科学生手中必不可少的计算工具。

三、课后练习：书海无涯

1. 提出问题：估算书架上书的数量

师：跟着钱老的步伐,用字母表示数和计算尺为我们数学计算带来的便捷,想必大家都感受到了吧!而不管是数学运算公式,还是定理公理等,都可以成为我们有力的数学计算工具。请大家想一想,估算我们可以用到什么方法或工具?

生：去尾法、进一法、四舍五入法、凑整法、部分求整体法……

师：在第四展区看到钱老的丰富藏书了吗?钱老一生与书结伴,博览群书,参阅过的书籍、期刊达3万多本(册)。我们现在管中窥豹,请你根据图片红色区域找到相应书架,数一下这列书架中,从上往下数第3排和第4排书的数量,计算一下这两数的平均值(四舍五入),

书架

根据这一数据,选用适当的方法,估算一下这列书架大致有多少本书?

2. 学生作业,教师巡视

通过刚才的分析,大部分学生会用部分求整体法,并根据第三四排书的平均数量是35本,因此我估算每一排书架都是35本书,而这一列书架一共有11排,估算出这列书架大致有385本书。

3. 评价交流

关注学生综合性表现,评价学生的逻辑推理、数学运算等核心素养在数学计算中的具体表现。另外,评价还要结合师评、自评与互评。

四、课堂小结

这节课我们跟随钱老的步伐,感受到了数学工具带给我们的极大便利,同时感受到钱老的家国情怀。你有什么收获和感受?与小伙伴们进行交流。

五、课后拓展

1. 自查资料,探究计算尺的乘法计算原理。

2. 表现钱老爱国事例的事情还有很多,请同学们参观钱学森图书馆,寻找其他表现家国情怀的事件。

导 学 案

我是"小小科学家"
——穿越时空,跟钱学森先生共话数学

一、升腾的智慧

1. 第1—8层手稿的数量

第1层:＿＿＿＿＿＿；
第2层:＿＿＿＿＿＿；
第3层:＿＿＿＿＿＿；
第4层:＿＿＿＿＿＿；
第5层:＿＿＿＿＿＿；
第6层:＿＿＿＿＿＿；
第7层:＿＿＿＿＿＿；
第8层:＿＿＿＿＿＿。

2. 第17、18层手稿的数量:＿＿＿＿＿＿
　　第25、26层手稿的数量:＿＿＿＿＿＿

3. 你发现了什么规律?
　　＿＿＿＿＿＿＿＿＿＿＿＿＿＿＿＿＿＿＿＿＿

4. 你能用 n 表示第 n 层手稿的数量吗?
　　＿＿＿＿＿＿＿＿＿＿＿＿＿＿＿＿＿＿＿＿＿

二、数字之谜

98:＿＿＿＿＿＿＿＿＿＿＿＿＿＿＿＿＿＿＿＿＿＿＿

4 015:＿＿＿＿＿＿＿＿＿＿＿＿＿＿＿＿＿＿＿＿＿

三、神奇"刻度尺"

1. 认识计算尺

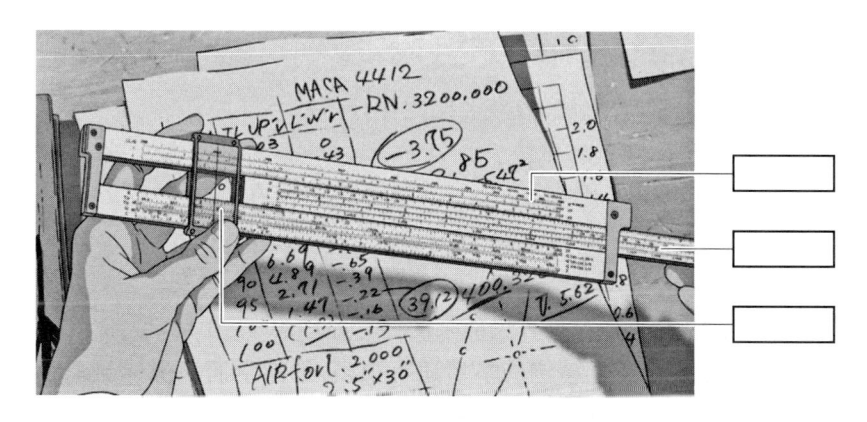

2. 精英挑战

将滑尺起始刻度 1 与 A 标尺的刻度 1.8 对齐,滑尺上的数字于 A 尺标的刻度对应,游标刻线停在滑尺的 2.1 刻线上,对应 A 尺标的刻线_____就是最终的计算结果。

A. 3.78　　　　　　B. 3.9

四、书海无涯

能否根据所学知识,寻找合适的方法,估算出这个书架大致有多

少本书？

方法：_____

计算过程：

五、说一说

今天你有哪些感触和收获要跟同伴分享？

六、课后拓展

1. 自查资料，探究计算尺的乘法计算原理。

2. 表现钱老爱国事例的事情还有很多，请同学们参观钱学森图书馆，寻找其他表现家国情怀的事件。

看完钱学森110个故事之后——封面设计

上海师大附中附属龙华中学　朱　莎

一、教材分析

《看完钱学森110个故事之后——封面设计》一课的教学内容选自少儿版六年级第一学期第六单元《一目了然的信息》。本课是学习书籍装帧一课中封面设计。通过文字、色彩和图形三要素的运用，让学生学习、感知和应用平面设计的基本知识与设计方法。结合《听馆长讲钱学森故事》一书，引导学生以书中钱学森先生故事为灵感设计篇章封面。平面设计是现代设计的基础，一般指在研究平面空间内，造型要素（点、线、面、色彩、肌理）按照一定的秩序和法则进行分解、组合，从而构成理想的组合方式。

本节课重在让学生通过阅读《听馆长讲钱学森故事》一书，重在引导学生理解钱学森先生忠贞不渝的爱国情怀和科学报国的伟大理想，并结合封面设计课堂教学内容引导学生通过封面设计将自己对钱学森先生生平故事的见解记录分享。对教学中结合多样的操作方式，采用个人创意与小组合作交流展示的组织形式，便于学生之间的学习和共享。

二、学情分析

本节课由七年级学生进入场馆体验，提前让学生阅读《听馆长讲钱学森故事》一书。七年级学生在美术造型能力方面有一定的基础，在六年级的美术课程中对艺术字体设计有过体验。本课的教学重点不仅是提高学生的设计能力，而且要在构图的基础之上结合钱学森先生的生平表达自己的见解。课堂中以小组合作的方式，以多样的操作方式从《听馆长讲钱学森故事》中以小故事、短篇章入手设计篇章封面。

三、教学策略与方法

在教法上,以自主学习为先导,学生通过自主阅读《听馆长讲钱学森故事》一书,以小组合作的方式进行钱学森先生故事的解读和篇章封面创作灵感的分享。

通过场馆的实地参观,大量的实物资料结合《听馆长讲钱学森故事》中的文字解说,帮助学生更加客观、立体、多面地了解钱学森先生的生平经历,回顾钱学森先生人生道路的过程,帮助学生理解钱学森先生忠贞不渝的爱国情怀和科学报国的伟大理想。

通过课堂教师讲授书籍封面的设计的制作,结合《听馆长讲钱学森故事》和对图书馆实际游览,以小组合作的方式进行书籍篇章封面设计制作,将课堂知识与实际相结合,通过小组交流互动帮助学生更全面地认识钱学森先生,并通过艺术的方式表现出自己的见解。

四、教学评价方式或方法

1. 以小组为单位对《听馆长讲钱学森故事》一书进行阅读,在书中挑选一个章节进行分享。

2. 通过《封面设计》一课学习之后对章节内容进行封面设计,到钱学森图书馆实地考察,结合钱学森先生的生经历和爱国情怀,注重画面构图和设计要素有序排列。

教 学 设 计

【教学目标】

1. 知道书籍装帧设计中封面设计构成三大要素,了解赏析字体排版的基本方法,尝试为《听馆长讲钱学森故事》一书中的某一章节设计封面。

2. 在掌握封面设计三大要素以及字体排版五大秘技的基础上，通过手绘、拼贴等多样的方式设计章节封面设计。

3. 结合钱学森图书馆丰富的实物资料并运用到封面设计中，与书中表达的内容能够相互契合。

4. 通过课堂教学和自我研读的过程中能够深刻了解到钱学森先生对中国科技的杰出贡献和深厚的爱国主义精神，并能够通过封面设计表达出自己的见解。

5. 在小组合作过程中能够明确分工，各司其职，保证小组成员全员参与并有所收获。

【教学重难点】

1. 教学重点：理解封面设计中字体排版的五大秘技并结合《听馆长讲钱学森故事》一书尝试进行创作。

2. 教学难点：能够对场馆资源有效取舍整合，封面设计符合书中章节内容并富有创意。

【教学资源】

教具：导学案、课堂学习单。

学具：拼贴、绘画工具。

【教学过程】

学习内容	教师活动	学生活动	设计意图
课前自学参观寻访	1. 提供《听馆长讲钱学森故事》一书，并引导学生分组，整本阅读完成后选择具体某几章节进行深入研究 2. 能够在钱学森书馆中找到相应实物资料，为封面设计做前期准备	1. 阅读《听馆长讲钱学森故事》 2. 分组讨论，选定感兴趣的章节 3. 对钱学森图书馆实地探访 4. 完成学习单	引导学生能够自主的去了解钱学森先生的生平经历，通过阅读和实地探访帮助学生更加全面地了解钱学森先生，激发学生的学习兴趣

续 表

学习内容	教师活动	学生活动	设计意图
课堂新授	1. 以小组的形式《听馆长讲钱学森故事》一书的故事分享 2. 引出课题《封面设计》 3. 新授重点：封面构成要素和字体排版五大秘技知识点掌握	1. 导学案内容分享 2. 理解封面构成要素和字体排版知识点，并能够将《听馆长讲钱学森故事》中感兴趣的章节内容和场馆史实资料相结合	通过导学案的方式引导学生有计划、有目的地进行自主学习。并在课堂中以小组的形式进行分享。新授部分通过教师讲授、示范，帮助学生理解封面设计重点，并引导学生将书本内容和场馆资源与课堂知识相互结合
课堂实践	1. 教师范图修改和示范，重点引导学生将书本内容与场馆资源整合、取舍。鼓励学生在封面设计过程中创意表达 2. 根据学习单内容进行作品分享、自评互评	小组分工，根据课堂学习单内容进行作品分享和解读，重在表达设计思路和对钱学森先生的生平经历感悟	通过课堂学习单引导学生在小组合作过程中分工明确，提醒学生设计封面过程中要结合书本章节内容，由小见大。在学生实际操作过程中将课前自学和课堂知识相整合。通过自评互评的方式帮助学生更加全面的了解钱学森先生
课堂小结	结合钱学森图书馆2楼实物资料，带领学生了解到钱学森先生认为科学与艺术是相通的	总结交流本节课的学习体会。通过钱学森先生的故事重视艺术教育	钱学森先生除了对中国科学技术有杰出贡献以外，对艺术也有浓厚兴趣，本节课除了引导学生了解钱学森先生的生平经历和爱国情怀以外，也通过艺术的方式将钱学森先生的事迹记录下来，培养了学生核心素养

教 学 详 案

（一）课前准备：

教师：发放导学案和《听馆长讲钱学森故事》一书，组织学生结合书本参观钱学森图书馆并完成导学案内容。

学生：

1. 完成分组。

2. 阅读《听馆长讲钱学森故事》一书，每组选择5个章节重点阅读。

3. 参观钱学森图书馆并根据选择的章节内容在场馆内寻找需要的史实资料。

4. 完成导学案内容并做好总结分享发言。

> 设计意图：引导学生能够自主的去了解钱学森先生的生平经历，通过阅读和实地探访帮助学生更加全面地了解钱学森先生，激发学生的学习兴趣。

（二）课堂新授：

师：上周各位同学都阅读了《听馆长讲钱学森故事》并参观了钱学森图书馆，钱学森先生作为享誉海内外的杰出科学家和我国航天事业的奠基人，生平经历也十分精彩，现在我想请一个小组来分享一下完成的导学案内容，看看钱学森先生的一生中哪一部分是最让你印象深刻的。

生：我们小组选择的是书中第三十三章节《我忠于人民》这一章节并对前后章节作了详细阅读，在美国深造并在航空理论方面获得巨大突破的钱学森先生在被审讯的过程中美方审讯者问他"美国和中国交战，你忠于什么国家的政府？"时，钱学森先生坚定不移地回答道："我是中国人，当然忠于中国人民！"看到这一篇章的时候感觉到热血沸腾。钱学森先生被誉为"人民科学家"不单单只是因为他对我国火

1950年11月,洛杉矶移民局听证会(左二为钱学森)

箭、导弹和航天事业的创建与发展做出卓越的贡献。更重要的是他始终把爱祖国、爱人民作为人生的最高境界,值得我们所有人敬佩和学习。

师:这个小组选择分享的章节相信其他同学的印象也非常深刻,在《听馆长讲钱学森故事》一书中其实有太多的例子证明钱学森先生卓越的成就和赤诚的爱国之心。那么今天我们就尝试着根据书中的记录,为书本中的章节内容设计封面,用艺术的方式表达我们对钱学森先生精彩的一生解读。

设计意图:对导学案进行回顾分享,揭示课题:《看完钱学森110个故事之后——封面设计》。

师:1. 以《听馆长讲钱学森故事》一书为例,各位同学观察一下封面设计主要有哪些基本的构成要素？

生：

文字：书名、作者、出版社。

图像：与该书内容有关。

色彩：与该书内容相符。

师总结：图像、色彩、文字构成封面设计三要素。

文字主要由书名、作者、出版社组成。作者、出版社一般选用比较容易识别的宋体、黑体等印刷体。书名则要选用富有设计感的变体字精心设计，起到美化封面的作用。色彩与图像的选择则要根据书本的内容。

2. 图像、色彩、文字三要素通过不同的构图形式，而组成形式各异的书籍封面。作为设计者要着重考虑三者之间的关系。

封面三大要素

文字、图像、色彩之间关系　　比重

以文字为主　　以文字为主　　以图像为主　　图文相结合

教师总结：在封面设计中，三要素之间的比重关系也是设计师在设计时注意的方面。我们可以是以文字为主的封面也可以图像为主,抑或是两者相结合。最常用的便是图文相结合的设计。

对我们而言,在三要素的选择和设计上,字体的排版是我们着重要了解的部分。

师提问:两个封面在书名的字体排版上有何区别?

生:横向排字、竖向排字。

教师总结:在书籍封面设计中,设计师们常常对书名的字体着重进行设计。在字体排版上,我们经常选择横向排字、竖向排字。

除了字体排列方向的变化以外,还有其他许多的设计技巧,这些简单的技巧运用使原本平淡的字体活了起来。

设计意图:在教师的引导下学生了解在具体设计中如何选用三要素以及三者之间的比重关系。

字体排版五大秘技教授:

师提问:这些字发生什么变化?运用了哪种秘技?

生:拆分、换行、线条、英文、对比,突出重点,让文字图像化。

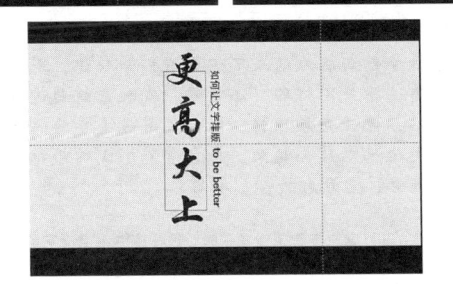

设计意图：通过导学案的方式引导学生有计划、有目的地进行自主学习。并在课堂中以小组的形式进行分享。新授部分通过教师讲授、示范，帮助学生理解封面设计重点，并引导学生将书本内容和场馆资源与课堂知识相互结合。

（三）课堂实践：

师：下发课堂学习单，根据学习单内容分组动手操作。

（1）初步构思：根据书籍内容、对象对书籍封面构想。

（2）动手操作：利用相关素材从图像、色彩、文字三方面进行封面设计。

（3）整体调整：考虑文字与图像主次、疏密、虚实关系。

（四）课堂小结：

师：结合钱学森图书馆2楼实物资料，带领学生了解到钱学森先生认为科学与艺术是相通的。

> **文艺对科技思维的启迪**
> SCIENTIFIC THINKING INSPIRED BY ART AND LITERATURE
>
> 钱学森认为，科学与艺术是相通的；科学与艺术的融通是抽象思维、形象思维和灵感思维等3种思维共同作用的结果。科技工作者需要文艺素养，文学艺术家要懂得科学知识。

> 一个有科学创新能力的人不但要有科学知识，还要有文化艺术修养。没有这些是不行的。小时候，我父亲就是这样对我进行教育和培养的，他让我学理科，同时又送我去学绘画和音乐，就是把科学和文化艺术结合起来。我觉得艺术上的修养对我后来的科学工作很重要，它开拓科学创新思维。
>
> 2005年7月29日，温家宝看望钱学森时，钱学森联系自身实际指出，培养创新型人才需要把科学和艺术结合起来。中国的大学应该按照培养科学技术发明创造人才的模式办学。

总结交流本节课的学习体会。通过钱学森先生的故事谈重视艺术教育。钱学森先生除了对中国科学技术有杰出贡献以外，对艺术也有浓厚兴趣，本节课除了引导学生了解钱学森先生的生平经历和爱国情怀以外，也通过艺术的方式将钱学森先生的事迹记录下来，培

> 艺术上的修养不仅加深了我对艺术作品中那些诗情画意和人生哲理的深刻理解,也让我学会了艺术上大跨度的宏观形象思维。我认为这些东西对启迪一个人在科学上的创新是很重要的。
>
> ——钱学森《谈科技创新人才的培养问题》
> （2005年3月29日）

养了学生核心素养。

导 学 案

读《听馆长讲钱学森故事》有感

小组成员	
重点阅读章节	
钱学森先生经历	
重大事件记录	
杰出贡献	
读后感分享	
场馆资源整理	位置： 内容：

课堂学习单

小组分工		
封面主题		
内容表达	图形设计意图	
	色彩选择意图	
	文字设计意图	
自 评	设计亮点	
	遇到困难	
互 评	设计亮点	
	修改意见	

让导弹飞
——跟着钱学森学"运动"
上海市龙漕中学　孙　鑫

一、教材分析

本课教学内容选自上海市初中《物理》教材八年级第二学期《惯性　牛顿第一定律》。在现有教材内容的基础上,根据深化课程改革的相关要求,围绕学科核心素养的落实,充分利用区域场馆资源优势,结合单元学习主题及全方位育人的思想,从知识结构、物理史发展、科学家成就、爱国主义教育等方面开展本课的学习。

本节课重在伟人的寻访、科技的发展、学术成果、航天革命等教学活动,挖掘具有爱国主义情怀的名人故事,继承和发扬科学家思想,结合校情学情,开展具有综合探究与实践特征的物理教学新范式,在教学中渗透德育思想,在走访中赓续红色基因,传承爱国主义情怀。

二、学情分析

本节课针对本校初中高年级学生开展的拓展型课程《有用的物理》而展开,学生遴选于各班中物理学习和科学课学习能力相对强手的学生,具有一定的科学基础和物理素养,通过课堂观察和日常反馈,学科功底扎实,科学学习兴趣浓厚,学有余力有精力开展课外拓展与研究。通过拓展研究性课程的学习,拓展这部分学生的视野,启发学生的思维,结合社会热点与名人逸事,激发他们探究学习的兴趣,也通过参观走访、浸润式的研学过程,厚植学生红色基因,提高学生文化自信,树立正确的人生观与价值观。

三、教学策略与方法

在教法上，以任务驱动为先导，通过阅读材料（课外拓展资料），完成学习任务单的相关内容，启发学生对当代科学家的贡献与精神的认识。

通过课前复习，强化学生对已有知识的巩固与提高，为更好开展参观研学活动和知识迁移埋下伏笔。

通过走访参观，结合教师引导，梳理中国制导技术、航天科技发展的脉络，形成认识发展的规律观，培养思维迭代发展的逻辑习惯。

通过课堂启发，开展头脑风暴，将已有知识与实际运用相结合，用物理思维分析和探讨火箭发射运动与受力分析。

以分享交流的形式，促进思想交流、相互学习，启发探究学习的兴趣。

四、教学评价方式与方法

1. 故事比赛：通过讲讲钱学森的小故事，分享阅读后的成果，展现新时代少年的风貌。

2. 我的学习困惑：在导学案中梳理学习困惑，互帮互助答疑解惑，形成团结互助的学习氛围。

3. 收获与展望：谈谈学习成果与参观后的收获，激发学习的兴趣，促进榜样的学习动力。

以上都是主观评价，旨在正向引导学生学习兴趣，触发学习持久动力，形成良性的学习氛围。

教 学 设 计

【教学目标】

1. 通过阅读材料《钱学森传》中的小故事，知道学生时代的钱学森具有的优良学习品质(爱思考、爱提问、善观察、一丝不苟)和爱国主义情怀。

2. 通过温故复习"惯性　牛顿第一定律"的知识,知道牛顿第一定律的相关内容。

3. 通过场馆参观,了解钱学森在制导领域和航天领域的贡献,并且能够理解导弹、卫星升空的运动过程的理解。

4. 结合图书馆资源,通过查找资料等方式,理解牛顿第一定律对航天航空科技之间的联系。

5. 通过参观与知识迁移,了解钱学森对中国航天科技的推进及做出的贡献,体会钱学森深厚的爱国主义情怀,厚植爱国荣国的信念。

【教学重难点】

重点:将牛顿第一定律的内容与火箭发射理论知识相关联。

难点:延伸牛顿第一定律的知识,建立平抛运动的物理模型。

【教学具准备】

教具:导学案。

学具:学习用品。

【教学过程】

环节	教　师　活　动	学生活动	设计意图
课前自学	提出自学要求; 推荐自学读物《十大华人科学家——钱学森传》重点阅读钱学森青少年时代的求学历程和学习目的的转变; 能记住一两个钱学森的故事和事迹	阅读书本; 完成学习任务单(导学案)中的相关内容	阅读能力的培养是学生学习的基本功在指导下有目的的阅读能提高阅读有效性 完成学习任务单(导学案)强化对钱学森的认识,也为之后的参观钱学森图书馆打下基础

续表

环节	教师活动	学生活动	设计意图
课堂复习（复习引入）	复习《惯性 牛顿第一定律》的相关内容，强调运动的物体的运动状况、受力分析，引导学生进行猜想：如果物体不受外力作用，将沿直线一直运动下去，是否可以跑出地球呢？	思考讨论；引发质疑养成观察物理运动状态、善于进行受力分析、发展性思维的培养	学以致用学会质疑，不轻信权威
参观寻访	1. 寻找导弹模型 2. 寻找卫星发射器模型 3. 查找钱学森研发导弹的历程 4. 思考：导弹和火箭助推器的技术发展及区别 5. 用力与运动的知识解释火箭发射的主要过程	1. 参观图书馆展厅； 2. 完成学习任务单； 3. 探究力与运动的现实科技运用	1. 任务驱动，让学习更有针对性 2. 厘清脉络，让学习更有逻辑性 3. 联系实际，让学习更有场景性
交流总结	利用图书馆顶层回廊，作为交流展示的舞台，启迪点拨学生总结今天的收获与展望：（1）火箭发明的历程；（2）火箭与导弹的共性与区别；（3）钱学森的伟大（家国情怀、执着研究、忘我精神等）	总结交流今天的收获；联系书本内容提出问题；达成共识向伟人学习	1. 场地选择要应景，有教育作用； 2. 内容选择要适切，有知识增长； 3. 核心素养有提升，厚植爱国情怀，培植杰出科学家的优秀精神

教 学 详 案

一、介绍钱学森，布置预习作业

师：众所周知，钱学森是我国伟大的科学家，是"两弹一星功勋奖

章"的获得者,被评为感动中国的人物。在钱学森的身上发生过许多感人的故事,无论是学生时代,还是留洋时期,哪怕回到祖国搞科研,都发生过许多催人泪下、充满爱国情怀的故事,钱学森更为了中国科技事业的发展、航天科技的发展立下了汗马功劳。今天,老师推荐给你们《钱学森传》一书,供大家课余时间阅读,希望大家能从点滴开始了解钱学森,挖掘钱学森身上的亮点,用语言画像的方式描述钱学森、讲讲钱学森的小故事,并完成学习任务单(导学案)中的相关练习。

生:好的,概括起来有两项任务:一是分享钱学森的小故事;二是完成导学案第一部分的填空。

二、课前复习,话题引入

师:八年级第二学期我们学习了"运动和力"的知识,知道了力的概念、力的作用效果,大家是否还有印象?

生:力是物体对物体的作用。

力的作用是相互的。

有施力物体,也有受力物体。

力的作用效果有两个:一是使物体发生形变,二是使物体的运动状态发生改变。

师:很好!看来大家都学得很扎实!

那老师继续考考大家。刚才有同学说,力可以使物体的运动状态发生改变,那物体一般有哪几种运动状态?平衡状态是什么?物体在平衡状态下,受力情况有什么特点?

生：物体的运动状态有很多：静止、匀速直线运动、匀速曲线运动、匀变速直线运动、变速运动、曲线运动……

物体的平衡状态是指：静止或匀速直线运动。

在平衡状态下，物体往往受力平衡，受到一对或者多对平衡力的作用。

师：物体在受到平衡力的作用时，一般处于静止或匀速直线运动状态下，那么，物体受平衡力时，合外力的大小是多少？

生：物体受到的合外力为零。

师：合外力为零，也可以说不受到外力的作用，物体不受到外力的作用，会怎样运动呢？

哪条定理或规律阐述过呢？大家还有印象吗？

生：当物体不受外力作用时，将保持原有的运动状态，也就是惯性定律的内容——是伽利略用理想斜面实验证实的。牛顿在前人研究的基础上，细心观察、科学验证、反复推敲，提出了牛顿第一定律，即：物体不受外力作用时，总保持原有的运动状态，直到有一个外力迫使这种状态发生改变。

师：牛顿第一定律揭示了怎样的规律？

生：牛顿揭示了力是物体运动状态发生改变的原因，打破了人类固有的错误认知——力是维持物体运动的原因。

师：我们试想，伽利略在做斜面实验时，物体受力平衡，在绝对光滑的表面沿直线一直运动下去，永不停止……

而地球又是个球体——即表面是曲面,则斜面实验的物体将脱离地球表面飞向太空。这种逻辑是否成立呢?

生:理论上可以,但操作上和现实中是有矛盾的,这种现象无法得到!

师:无法得到原因是什么?

生:因为地球有吸引力,小球会在重力的作用下落回地面。

师:如果我们一直让物体受到一个克服地球吸引力(重力)的力,使物体不掉下来,而且让物体一直运行下去,是不是火箭的设计模型就出于这种想法呢?

钱学森在美国留学时,主要是研究机械工程的,"导弹"是他的专业方向,但是钱学森一直认为科技的进步应该为人类服务,而不仅仅是作为战争的武器。他回国后对西方列强的百般阻挠,仍旧肩负历史使命,带领中国的航天人研究建造导弹、实验人造地球卫星,取得了历史性的进步,使中国成为了航天强国和核武器大国,让发达国家看到了中国人的骨气。

今天,我们带着崇敬的心情来参观钱学森图书馆,不仅要学习他

在专业上的力求上进,更要感受钱学森那份赤诚的爱国之心。请大家边参观边完成学习任务单的其余内容,并以小组为单位,在3楼长廊中进行交流和分享,同时请大家也要注意文明参观。

三、分组参观、完成学习任务

四、总结交流

师:刚才我们踏寻伟人的足迹,经历了一次新中国航天科技事业发展的探秘之旅,不仅学习了科技的进步,也体会了新中国航天人的守正创新、艰苦奋斗的创业精神,我们更要将钱学森的那种爱国忧民之心渗透进自己的骨髓、流淌在自己的血液中,今天发奋图强,为了明天建设强大的祖国。最后,老师借用一位名人的名言与大家共勉:很难说什么是办不到的事情,因为昨天的梦想,可以是今天的希望,并且还可以成为明天的现实;真正的强者,不是没有眼泪,而是含着眼泪继续奔跑。希望同学们在学习上要更踏实、梦想上要更大胆、行动上要更有耐力,不忘初心,不负韶华,砥砺前行。祝大家学习顺利,不断上进。

导学案(学习任务单)

一、初识钱学森

钱学森小档案:

【生卒年月】_____

【政治身份】_____

【获得的荣誉】_____

_____

【学习经历】_____

_____

【工作经历】_____

_____

【重大事件及杰出贡献】_____

_____

【钱学森的小故事】

二、温故知新
1. 平衡状态：
2. 二力平衡的条件：
3. 惯性的概念：
4. 牛顿第一定律的内容：
5. 火箭发射过程的受力分析

准备发射	发射起飞	入轨阶段

三、我的学习困惑

疑惑内容	别人的帮助	豁然开朗

四、我的学习收获

感触最深的地方	我的认识	我的目标

人民科学家的精神风采

上海市龙漕中学　李　树

第一课时（校内）

一、教材分析

本文是一篇人物传记，钱学森有着不平凡的人生经历、强烈的爱国主义精神、超凡的创造才能、坚定的信念以及纯洁的品格，这些都使他如巨人般屹立于天地之间，这就是人民科学家钱学森的精神风采，本文以此为中心，选取了钱学森工作生活中的几个典型事件来展现他的品格、精神风貌。

学习本文，就应该仔细体会文章是如何在平实的语言中表现主人公的风采的。除了教师讲解外，学生还可以充分利用网络资源，借助于互联网更多更全面地了解钱学森，以加深对课文的了解。

二、学情分析

初二学生的理解能力有了很大提升，逻辑思维有了长足的进步，但其抽象的概念思维还需要感性经验的支持，所以教学过程中我会注重直观材料的运用，引导学生自主思考、理解，从而能够更好地继承和弘扬中华优秀传统文化，发展社会主义先进文化。对于人民科学家，与学生距离较远，普遍感悟不深，阅读会浮于表面，流于形式，只有在老师的不断引导下，才能够深入文本阅读字里行间所蕴含的情感、品味文字中所传达的精神力量。因此在课堂中，应围绕语文核心素养，充分激发学生的学习兴趣，调动学生的积极性和主动性。

教 学 设 计

【教学目标】

1. 熟读全文,疏通关键字句、理解文意。
2. 学习纪实性文章用典型事例表现人物精神品质的写作方法。
3. 感受钱学森的精神境界和高尚的道德操守,培养不断进取的科学精神。

【教学重点与难点】

1. 教学重点:学习纪实性文章用典型事例表现人物精神品质的写作方法。
2. 教学难点:感受钱学森的精神境界和高尚的道德操守,培养不断进取的科学精神。

【教学过程】

一、教学导入

国务院、中央军委于1991年10月16日在人民大会堂召开大会,授予钱学森"国家杰出贡献科学家"荣誉称号。1999年9月又授予他"两弹一星功勋奖章",这是国家给他的评价。当年钱学森要求回国时,五角大楼的海军次长金布尔说:"我宁肯把这个家伙枪毙了,也不放他离开美国,钱学森对于我们来说太重要了!他至少也值五个师的兵力……"这是别人对钱学森的高度评价,那么作为钱学森秘书的涂元季又是怎么来评价钱学森的哪?今天我们来学习他的纪实性文章——《人民科学家的精神风采》。

二、初步阅读

在整体阅读文章后,结合导学单中对于钱学森的人物经历,思考:

本文最初的题目叫《钱学森为什么不去美国》,也曾有人将本文的题目改为《八十年代钱学森为何拒访美国》。选入我们的课本时编者将其改为现在的题目,你认为哪个题目会更全面些?为什么?

明确：介绍钱老的经历，尤其是当年钱学森如何冲破重重阻挠毅然回到新成立的中国来的，以此作为知识背景，这样可以结合文章的主要内容在接下来的讲授中对钱学森的整体形象有所了解，初步领会钱学森在对祖国科学事业方面的卓越贡献以及在道德境界上的高尚。

对题目的解读，言之有理的都可以，结合文章结构详略分析。

三、整体感知

让学生有感情地诵读课文，然后由学生小组讨论、思考并概括钱学森的主要事迹。通过阅读全文，指导学生从文章中找出其中的关键语句或字词，并概括文章的主要内容及结构方式，并引导学生说说哪些事件给他们的印象最深刻，并尝试着分析这些事件表现了钱学森怎样的精神品格，在概括情节的基础上整体把握文章的脉络和概貌。

1. 梳理课文第1—4自然段的内容，思考：

（1）第1段与第2、3、4段之间的结构方式是什么？

（2）围绕第1段，第2、3、4段具体写了关于钱学森的哪些事件？并谈谈你对钱学森的了解、看法。

（3）在第2—4段中，你认为哪些语句更能突出钱学森的高尚品质？

2. 梳理文章第5—7自然段的内容。

（1）这几段主要写了什么内容？从而说明了什么？

（2）找出你认为最能表现钱学森的高风亮节的语句。

3. 梳理课文第9—14自然段的内容。

第9—14段中写了几件关于钱学森的事？试用简洁的语言概括。

明确：本文主要写了5件事：一是抵制不正之风；二是拒绝美国

邀请;三是对金钱的淡漠;四是对权位的不在乎;五是不搬新房。

分析:通过"我对付这种不正之风的办法,就是今后再也不出北京了,谁请也不去。"钱老说:"你别激我,激也没用,他们说我架子大,我就架子大。"这些句子可以看出,钱先生坚决到对个人名誉的损益无所谓的程度。主要是请学生通过"点"的渗透来进行"面"的贴近,进而理解钱学森高尚的精神品格。

分析的时候注意这些关键词:坚决抵制、坚持到底、决不、谁请也不去、激也没用、不稀罕(那些外国荣誉头衔)、坚决要求(回到落后的祖国)、统统(捐了出去)、连(钱包都没打开)转手就(作为党费上交)、(对官位)一点也不在意。

4. 讨论交流。可以让学生针对所总结的5件事,谈谈自己最有体会的一件,并从此件事上可看出钱学森哪方面的性格特点和精神境界。如你认为最能体现钱学森高尚思想境界的事迹是什么?并说说这些事迹体现了钱学森怎样的思想品格?

四、抓住人物细节描写,深入研读
要求学生再读课文,讨论交流。
1. 如你认为最能体现钱学森高尚思想境界的事迹是什么?
明确:拒绝出访美国。
2. 钱学森为什么拒绝出访美国?
3. 这些事情表现了钱学森什么样的精神?从哪些语句可以看出?
明确:
重点揣摩钱学森日常工作学习中的话语,如"这是美国佬耍滑头,我不会上当,当年我离开美国,是被驱逐出境的。按美国法律规定,我是不能再去美国的。美国政府如果不公开给我平反,今生今世绝不能踏上美国国土。"体现了钱老的坚持原则、坚定强硬。

"我在这儿住了几十年,习惯了,感觉很好。你们别再折腾我,把我折腾到新房子里,我于心不安,心情不好,能有利于身体健康吗?"体现了钱老的淡漠金钱。

"事理看破胆气壮,文章得意心花开。"体现了钱老的爱国敬业、作风正派。

通过这些句子来理解本文,人物的独特的思想个性等。

4. 钱学森作为科学家在科学方面贡献卓著,文章不写作为科学家的钱学森在科学方面的伟大贡献,写的都是钱学森日常工作学习中的一些平凡的事迹,为什么?

明确:钱学森在科学方面的成就是众所周知的,所以文章的中心不在其科学成就上着手,而在许多众所周知的事情上花费笔墨毫无新意;钱学森在小事上都这样严格要求自己,那么对待科学研究就可想而知了;作者是钱老的秘书,在钱老身边工作,亲历的一些事迹是鲜为人知的,更何况钱老在科学方面的伟大贡献是和他高尚的思想境界风不开的。

五、课后作业
1. 完成导学单。
2. 在网络平台上了解钱学森的学贡献。

六、板书设计
总起:对社会上的一些不正之风采取坚决抵制态度(1段)
坚决抵制不正之风　　　抵制不正之风(2段)
(1—5段)　　　　分述　抵制大吃大喝之风(3、4段)
　　　　　　　　　　　抵制出国风(5段)

捍卫人格尊严　　　　　拒绝美国邀请(6段)
(6、7段)　　　　　　　阐明拒绝原因(7段)

漠视金钱　议论评价,引出下文(8段)
重点事例:捐献稿费,捐献遗产(9—

	10段)
淡泊名利	只喜学问,不喜官位(11段)
(8—14)不在意"官位"	服从组织安排(12段)
	主动让贤(13段)
	主动降低待遇(14段)

第二课时(钱学森图书馆内)

一、教材分析

钱学森是享誉海内外的杰出科学家和我国航天事业的奠基人,他的杰出贡献、感人事迹和崇高品格,是我们国家和民族宝贵的精神财富。有了第一课时对钱学森作为人民科学家的精神品质的铺垫,学生已有了对钱老的初步认识。钱学森图书馆以钱学森的爱国主义和科学精神为核心,以专业化、学术型、国际化为发展战略,深化博物馆内涵建设,创造性地弘扬社会主义核心价值观,打造一流的文化育人基地。走入钱学森图书馆进一步学习,深入了解钱学森的科学成就、杰出贡献和崇高风范,面对活生生的第一手资料定能逐步走近和感染着学生。

二、学情分析

初中学生世界观、人生观、价值观都在逐步形成的过程中,"岁月静好现世安稳"的他们只能对动荡岁月有一个懵懂的概念,但他们有很好的可塑性,通过对名家名篇和历史知识的讲解、自己的调查发现和与老师的沟通中,能够不断学习,潜移默化地进行爱国主义信仰教育。"两弹一星"元勋钱学森有着不平凡的人生经历,强烈的爱国主义精神,超凡的创造才能,坚定的信念、纯洁的品格,这使他如巨人般屹立于天地之间!这就是人民科学家钱学森的精神风采。我们国家、世界上还有许许多多像钱学森一样具有伟大人格魅力的科学家,教学中应由课内向课外拓展,让学生更多地去了解科学领域,探索科学奥秘,提高科学素养,培养科学兴趣;去领略科学家的精神风采和人格魅力。

教 学 设 计

【教学目标】

1. 阅读具体事例,感受钱学森追求卓越、淡泊名利的崇高科学精神。

2. 感悟钱学森不畏强暴、公而忘私的爱国主义精神。

【教学重点与难点】

1. 教学重点:阅读具体事例,感受钱学森追求卓越、淡泊名利的崇高科学精神。

2. 教学难点:感悟钱学森不畏强暴、公而忘私的爱国主义精神。

【教学过程】

一、课前活动

1. 由教师带领阅读展厅的文字、图画等材料,了解钱学森的科学成就,他在应用力学、航空工程、喷气推进和航天技术、工程控制论等技术科学领域都做出了许多开创性的贡献。

2. 重点关注"麦卡锡主义"对钱学森的迫害,并观看谈判演示。

百度百科:卡锡主义是指1950—1954年肇因于美国参议员麦卡锡的美国国内反共、极右的典型代表,它恶意诽谤、肆意迫害疑似共产党和民主进步人士,乃至一切有不同政见的人。从1950年初麦卡锡主义开始泛滥,到1954年底彻底破产的前后5年里,它的影响波及美国政治、外交和社会生活的方方面面。麦卡锡主义作为一个专有名词,也成为政治迫害的同义词。从1940年代末到1950年代初,掀起了以"麦卡锡主义"为代表的反共、排外运动,涉及美国政治、教育和文化等领域的各个层面,其影响仍然可见。

二、厘清钱学森的经历,体会赤子之心的归国执念

钱学森这一生的成就与他所受的教育不可分割,钱学森出身于书香门第,先后就读于多所名校,受教于众多名师。良好的家庭教育与一流的学校教育相辅相成,为钱学森成才奠定了坚实的基础。除勤奋刻苦的努力之外,优良的家风同样是将他推向世界大舞台的重要原因。作为吴越王钱镠第33世孙,钱学森从小就受到了极好的家庭教育。父亲钱均夫是知名的教育家和文史专家,他有感于中国当时所处的困境,因此经常劝导钱学森:一定要好好读书,把我们的国家建设得富强起来。在考入上海交通大学后,他又考取了公费留美的留学生资格,在这一路未知的旅途中,父亲的八字教诲一直陪伴着他,那就是:"学习知识,贡献社会。"

完成导学单中关于钱学森经历的填空:

1935年8月,24岁的钱学森从上海登上"杰克逊总统号"邮轮,开启了他追逐梦想的漫长旅程。在他的身后,是落后贫穷、政局混乱的祖国;在他的前方,是一个全然陌生、尚未可知的国度。

钱学森先后就读于麻省理工学院、加州理工学院,在世界闻名的空气动力学权威冯·卡门的指导下,他苦心钻研,攻克了当时航空前沿的许多难题,从此声名鹊起,被称为"上帝的孩子"。

钱学森在美国取得了常人难以企及的成就,他是麻省理工学院最年轻的终身教授、世界空气动力学权威。他与"火箭俱乐部"的同伴一起成功发射了一枚自制火箭,许多年后,他们的试验场成为著名的美国国家航空航天局(NASA)喷气推进实验室(JPL)。

加州理工学院崇尚创新,对钱学森产生了重要影响,他一生中科学创新不断,晚年更关注于创新人才的培养。

第二次世界大战期间,钱学森以美军上校的身份跟随冯·卡门飞赴战火纷飞的德国进行考察。这次考察不仅带回了纳粹德国先进的火箭技术资料、设备和科研人员,还编撰了一份名为《迈向新高度》的考察报告,为战后美国飞机、火箭、导弹的发展提出了规划蓝

图。钱学森是这份报告的主要执笔人之一。1949年10月1日，中华人民共和国成立。获知这一喜讯，钱学森激动不已，开始为回国做准备。

就在钱学森对回归祖国满怀憧憬之时，厄运不期而至。在美国的反共浪潮中，钱学森遭到怀疑、盘问和监视。他托运回国的行李亦被扣留，本人也被禁止离开美国，甚至一度还被关押在拘留所，失去人身自由。在军方看来，钱学森的身价可抵"五个海军陆战师"，所以宁可枪毙，也不甘心放他回到中国。

长达5年的软禁生涯并没有磨灭钱学森的意志，他转向全新的研究领域，开创了一门新的学科——工程控制论。1955年，转机悄然而至，钱学森巧妙避开监视，寄出一封辗转多地的求援信，希望中国政府帮助孤悬海外的游子返回祖国。

1955年8月，中美大使级会谈在日内瓦举行，在中方的努力交涉下，美方最终允许钱学森离开美国。周恩来曾意味深长地说："中美大使级会谈虽然没有取得实质性成果，但我们要回了一个钱学森，单就这件事来说，会谈也是值得的，有价值的。"

1955年10月，满怀爱国热情的钱学森终于回到祖国。此时的中国国力薄弱、百废待兴，面临着严峻的国际局势和军事威胁。陈赓大将专程与钱学森会面，向他提问："你看我们中国人能不能搞导弹？"钱学森不假思索地回答："中国人怎么不行啊？外国人能搞的难道中国人不能搞？中国人比他们矮一截？"中国航天事业就此开端。

思考：

1. 朗读课本第七节，谈谈对钱学森拒绝赴美的原因。

2. 思考是什么样的信念让钱学森一定要回国参与新中国的建设。

明确：在美国，钱学森失去人权与自由。

父母和从小的教育使钱学森坚定了"航空报国"的信念，还有对伟大祖国的深厚的爱国主义情感。

三、"克利夫兰总统号"上的采访

邀请一位同学扮演钱学森回答由其他"小记者"的提问。

合作讨论向钱学森提问的问题集合。

举例：

1. 现在钱学森先生您终于要回国了,您有什么感想吗？
2. 您对美国政府对您的无理关押有什么想说的吗？
3. 您回到国内后,第一件事想做什么？
4. 您的家人们支持您坚持要回国吗？
5. 在美国的待遇非常好,回到一穷二白的中国难道您不后悔吗？

四、"两弹结合"试验现场成功后的微演讲

阅读资料并观看视频：

这枚导弹是解放军第二炮兵部队赠予本馆的一枚中近程导弹改进型实体。它全长21.3米,重4.18吨,最大射程1 500千米。1966年我国进行导弹与原子弹"两弹结合"试验,使用的就是这款型号的导弹。1964年10月16日,中国成功引爆了第一颗原子弹,腾空而起的蘑菇云,让全世界为之震动。然而,这一颗原子弹是被固定在铁架上引爆的,西方媒体用了一句"有弹没有枪",来形容中国虽有原子弹,但打不出去的现实。应该怎么打破这个局面？最好的"枪"就是导弹。钱学森提出,以多次成功试发的中近程导弹为基础,研制运载核弹头的核导弹,这便是后来无人不知的"两弹结合"创举。核导弹不同一般,一旦出错,会造成不可挽回的损失。钱学森率领五院,开始了对"东风二号"导弹的改良。大家兢兢业业,对每一个细节都小心翼翼。

钱学森繁忙地穿梭于北京和试验基地之间,监督改良后用于"两弹结合"的"东风二号甲"（代号"DF-2A"）导弹。这枚导弹全长21.3米,弹径1.65米,起飞重量29.8吨,采用一级液体燃料火箭发动机,最大射程1 500千米,可携带1枚1 290千克、威力为2万吨TNT当量的核弹头。1966年10月26日,"DF-2A"与原子弹正式对接的时刻，聂荣臻和钱学森来到现场，亲自督阵。负责原子弹弹头和导弹弹体对接的，是一位名叫田现坤的年轻技师。弹头和弹体之间，也就一尺多宽的距离，侧着身子方才进得去。就在这点空隙里，田现坤必须凭着自己的技术和工具，像绣花一样，准确无误地完成上百个动作，把弹头和弹体对接起来。

已是初冬时节，戈壁滩上气温在零下十几度，时有大风吹过，刮得人睁不开眼，穿着皮衣皮裤的人尚且冻得直哆嗦。田现坤却脱去皮衣，只穿单衬衣，以便在狭小的空隙里作业。除了忍受刺骨的寒冷，他还得极度小心，不可有半点差池，以免产生静电。即便是一丁点儿的静电，都能引爆原子弹，让在场的每个人灰飞烟灭。大家的心，都悬在了嗓子眼儿！田现坤也有点儿紧张，平时训练完成整个流程40分钟就够了，那一天，他花了整整两倍的时间。这80分钟里，聂荣臻和钱学森始终站在一旁，一步也没有离开。这是一个极大的鼓舞，那么大领导都不怕，还有什么可怕的！大家憋足了劲儿，等待对接工作的完成。当田现坤终于完成所有的连接动作，从狭缝里退出来的时候，聂荣臻立即上前，紧紧地握住了他的双手。经检测，弹头、弹体结合的各项参数确认合格，开始对导弹进行燃料加注。随后，绝大部分人撤离现场，留下来的，只有位于地下控制室的7名发射操作人员。限于当时的技术条件，控制室设置在距离发射台仅有100米的地下空间。这样的距离，一旦现场发生爆炸，控制室里的人毫无逃生可能。七位勇士写下遗书，组成了控制室里的"敢死队"。他们心无旁骛，思想高度集中，紧盯红白两排指示灯，手摸、耳听、眼看自动控制系统，执行发射任务。10月27日上午9时，操作员佟连捷按下控制台主机按钮，在一阵轰鸣的巨响中，中国第一枚核导弹缓缓升起，飞向蓝天。核导弹起飞后，控制室里安静极了，谁都不敢大声喘气。9分钟的预计飞行时间，显得那样的漫长。终于，罗布泊试验场传来报告：核导弹精确命中目标，顺利实现核爆炸！那一刻真高兴啊！地下控制室的7个人，无法自抑地淌下了泪水……

为了纪念这一难忘的历史时刻,在我馆筹建期间,中国人民解放军第二炮兵部队向馆方捐赠移交了一枚同类型号的"DF-2A"导弹,作为钱学森图书馆的大型实物展品。2011年3月27日,在众人的瞩目下,部队官兵和建筑公司通力配合,将导弹顺利卸载,再从房顶吊入圆厅、完成安装,吊装全程共耗时45分钟。

思考:

参与微演讲。时光穿梭,同学们回到了两弹结合实验成功的现场,面对欢呼雀跃的官兵,你将要现场发表三分钟的即兴演讲,撰写演讲稿并尝试挑战演讲。

参考:

今天"两弹结合"实验的成功是我们中国航天的成功,离不开我们每一个人的辛苦付出,在这振奋人心的一刻,我对党对人民表达感谢,同时也对我们的祖国航天事业更有信心了,我们并不落后,我们干的这份伟大的事业中孕育着伟大的精神,让我们携手共进,为祖国航天事业的发展再尽一份力量!

五、研学总结

同学们身处"岁月静好现世安稳"的好时代,你们只能对建国初年的岁月有一个懵懂的概念,今天通过参观和学习,相信大家都对钱老有了更深刻的认识,希望大家能够不断学习,在心中埋下爱国主义的种子,并让它生根发芽,成为你未来的使命。"两弹一星"元勋钱学森有着不平凡的人生经历,强烈的爱国主义精神,超凡的创造才能,坚定的信念、纯洁的品格,这使他如巨人般屹立于天地之间!这就是人民科学家钱学森的精神风采。我们国家、世界上还有许许多多像钱学森一样具有伟大人格魅力的科学家,我们应该走向更广阔的社会,更多地去了解科学领域,探索科学奥秘,去领略科学家的精神风采和人格魅力。1999年9月18日,在庆祝中华人民共和国成立50周年之际,党中央、国务院、中央军委决定,对当年为研制"两弹一星"作出突出贡献的23位科技专家予以表彰,他们是王淦昌、赵九章、郭永怀、钱学森、钱三强、王大珩、彭桓武、任新民、陈芳允、黄纬禄、屠守锷、吴自良、钱骥、程开甲、杨嘉墀、王希季、姚桐斌、陈能宽、邓稼先、朱光亚、于敏、孙家栋、周光召。我们应该铭记这些伟人的名字,是他们——让我们今天能够有底气地面对来自国际社会的任何挑战。

六、作业

今天身处和平时代的人们对"两弹一星"的意义很难有切身体会,甚至有人说,"两弹一星"花费了太多人力财力,并不值得。对此,几乎从不生气的钱学森忍不住发火了:"当时我一听呢,我就气极了,我就马上就憋不住就发言,我说:哪有这样的话,我说要没有两弹一星,我说诸位啊,我们不可能在这里开会!我们没有这个条件!"

对此,你如何理解钱学森的这段话?

学生活动	指导要点	组织形式	分析
教师带领阅读展厅的文字、图画等材料,了解钱学森的科学成就,他在应用力学、航空工程、喷气推进和航天技术、工程控制论等技术科学领域都做出了许多开创性的贡献	重点关注"麦卡锡主义"对钱学森的迫害,并观看谈判演示	小组流动学习(3个小组,每组2人左右)	重点关注"麦卡锡"主义,了解钱学森归国路的困难,对理解钱学森不畏强暴、公而忘私的爱国主义精神有帮助
完成导学单的"厘清钱学森的经历"内容,体会赤子之心的归国执念	在展览馆中寻找答案	各自书写	感悟钱学森作为"学霸"的光荣求学路,父亲的"学习知识,贡献社会"八字家训,他从未忘记过,所以他历经艰难险阻也要回到一穷二白的新中国

续表

学生活动	指导要点	组织形式	分析
邀请一位同学扮演钱学森回答由其他"小记者"的提问。合作讨论向钱学森提问的问题集合	明确钱学森归国的意图	小组讨论,教师思考点拨	"鸦片战争近百年来,国人强国梦不息,抗争不断。革命先烈为兴邦,为了炎黄子孙的强国梦,献出了宝贵的生命,血沃中华热土。我个人作为炎黄子孙的一员,只能追随先烈的足迹,在千万般艰险中,探索追求,不顾及其他。"对祖国强烈的责任感和使命感使得钱学森"归心似箭",通过外交斡旋终于踏上归途的他既有对美国的恨也有对中国的爱
"两弹结合"实验现场成功后的微演讲	组织所有学生阅读资料并观看视频	讨论后撰写演讲稿	在油画的背景下,仿佛置身当年"两弹结合"实验成功的现场,化身为"钱学森"作即兴演讲,让学生更有代入感。更能感悟先辈们"热爱祖国、无私奉献,自力更生、艰苦奋斗,大力协同、勇于攀登"的"两弹一星"民族精神

《人民科学家的精神风采》导学案(第一课时)

学习目标:
1. 熟读全文,疏通关键字句、理解文意。
2. 从文章的记叙中,学习钱学森高尚的思想境界。

3. 通过入情入境的朗读,理解朴实无华的语句的深刻内涵。

学习过程:

一、背景说明及人物介绍

1. 作者简介

涂元季,1939年生,湖北省老河口市人。中国人民解放军总装备部研究员,国防科工委高级工程师,为钱学森的秘书。

2. 关于钱学森

钱学森

1911年12月11日生于上海,祖籍浙江杭州。著名科学家。

1929—1934年,上海交通大学学习。

1934年,大学毕业的钱学森以优异的成绩考取到美国麻省理工学院留学。由于他的聪慧和苦学,只用了一年时间就戴上了硕士方尖帽。

1939年6月,他同时取得了航空和数学两个博士学位,以其出众的才华震动了美国物理学界。接着,他留在该院任教,成为冯·卡门的亲密助手和同事。他们合作创造的"卡门—钱学森公式",共同设计了美国的"下士"导弹,成为美国导弹事业的奠基人之一。

1947年2月,刚满36岁的钱学森成为麻省理工学院最年轻的终身教授。

1949年10月,中华人民共和国成立,母亲在召唤着海外游子。钱学森舍弃了金钱、地位、荣誉、理想的科研环境,经过长达5年的抗争,在周恩来的直接帮助下,于1955年10月回归祖国。1956年1月,就创办了中国科学院力学研究所,并担任首任所长。

1960年11月5日,"东风一号"导弹发射成功。

1964年10月6日,我国第一颗原子弹爆炸成功。1970年4月24日,我国第一颗人造地球卫星发射成功。

国务院、中央军委于1991年10月16日在人民大会堂召开大会,授予他"国家杰出贡献科学家"荣誉称号,1999年9月,又授予他"两弹一星功勋奖章",给了他最高的奖赏。这是国家对他的评价。当钱学森要求回国时,五角大楼的海军次长金布尔说:"我宁肯把这个家伙枪毙了,也不放他离开美国,钱学森对于我们来说太重要了!他至少也值五个师的兵力……"这可以说是敌人对钱学森的高度评价,那么作为钱学森秘书的涂元季又是怎么评价钱学森的呢?

二、课后练习

1. 抄写词语并对加粗的字标音节。(通过查工具书解决并掌握)

应景(　　)　(　　)(　　)(　　)

鉴定(　　)　(　　)(　　)(　　)

荣誉(　　)　(　　)(　　)(　　)

推荐(　　)　(　　)(　　)(　　)

一栋(　　)　(　　)(　　)(　　)

聂荣臻(　　　)　(　　　)(　　　)

授予(　　)　(　　)(　　)(　　)

坚决抵制(　　　)　(　　　)(　　　)(　　　)

婉言谢绝(　　　)(　　　)(　　　)(　　　)

驱逐出境(　　　)(　　　)(　　　)(　　　)

繁杂事务(　　　)(　　　)(　　　)(　　　)

2. 利用工具书写出词语的意思

应景：

老皇历：

婉言谢绝：

档案：

世俗：

3. 阅读后深入感知

请举例分析从文章中可以看出钱学森是一个怎样的人?

4. 仿照画线的句子,续写一个句子,与画线的两句构成语意连贯的排比句。

　　人生的意义在于奉献而不在于索取。如果你是一棵大树,就撒下一片阴凉;如果你是一泓清泉,就滋润一方土地;　　　　　,

_____。

5. 联系今天的社会实际,请你对文章中"钱老本人却心境平和,把写世俗之人追求的金钱、地位看得比清水还淡"这句话,谈谈你的看法。

三、阅读拓展

(一)钱学森一生对金钱看得很淡漠。他当年放弃在美国的优厚条件,坚决要求回到各方面都还十分落后的祖国,就是为了和祖国人民同呼吸、共患难,用他的知识和智慧建设国家,使祖国强大,人民幸福。

他回国以后,完全靠自己的工资生活,一级教授一个月300元多一点。除了工资之外,他还有一些稿费收入,晚年也曾得到过较大笔的科学奖金。但他把自己所得几笔较大的收入统统捐了出去。这包括:他的《工程控制论》1958年中文版稿费,1 000元以上,这在当时是一个普通干部2年的收入,捐给了中国科技大学力学系,资助贫困学生买书和学习用具。1962年前后,他的《物理力学讲义》和《星际航行概论》先后出版,稿酬有好几千元。这在当时简直就是一个"天文数字"。那时还处在"三年经济困难时期",人人都吃不饱肚子,钱学森一家和全国人民一样,也是勒紧裤带过日子。但是这么一大笔钱并没有使钱学森动心。当他拿到这两笔稿费时,连钱包都没打开,转手就作为党费交给了党小组长。

1978年钱学森又交了另一大笔党费。当时"文化大革命"刚刚结束,开始落实各方面的政策。钱学森的父亲钱均夫老先生原在全国政协文史委员会上班,1969年去世。因为"文化大革命"的冲击,从1966年就不发工资了,直到去世,三年未领到一分钱工资。1978年落实政策,补发了3 000多元的工资。钱学森是钱均夫唯一的儿子,自然有权继承。但是钱学森认为,父亲已去世多年,这笔钱他不能要。退给文史委员会,人家拒收,怎么办?钱老说,那我只有作为党费交给组织。后来这3 000多元也交了党费。

钱学森曾任国防部第五研究院院长、副院长,第七机械工业部副部长,国防科委副主任,国防科工委科技委副主任,中国科协主席,全国政协副主席等要职,其地位不可谓不高。但钱学森对这些"官位"一点也不在意。要不是工作的需要,他宁可什么"官"也不当。他常常说:"我是一名科技人员,不是什么大官,那些官的待遇,我一样也不想要。"所以,他从不爱出席什么开幕式、闭幕式之类的官场活动,只喜欢钻进科学世界,研究学问。在这方面若有所得,就十分高兴。他常说:"事理看破胆气壮,文章得意心花开。"

1. 阅读所选文字,请简要概括本段所写的内容。
_____
_____

2. 文章中说"钱学森曾任国防部第五研究院院长、副院长,第七机械工业部副部长,国防科委副主任,国防科工委科技委副主任,中国科协主席,全国政协副主席等要职,其地位不可谓不高。"但是钱学森对这些却一点也不动心,联系课文,你是怎么理解这段话的?这些表现了钱学森怎样的科学精神?
_____
_____

3. 结合课文内容,请你谈谈钱学森是怎样的一个人?假如有一天,你也是一个学业有成的年轻有为的科学家,你会怎样去做?
_____
_____

(二)人,总要仰望点什么(李兴濂)

① 人生在世,不能总是低头觅食,那样会矮化得像动物一般。人,总要仰望点什么,向着高远,支撑起生命和灵魂。

② 仰望,从某种意义上说是一种精神上昂的生存姿态,它使生命战栗、贯注、凝神,形成张力,就像鲜花绽开、泉水喷涌。它是根植于一切情愫之中又最终超越其上的永恒的精神。仰望,就是漫漫黑夜

中的灵魂追寻,它使人重返失落的精神家园。

③一位俄罗斯老画家在林间散步,"他仰望头上一轮满月从树梢后缓缓露出,他突然被那种无与伦比的饱满和圆润,被那种壮丽博大的景象感动得哭了起来……他看到了大自然最完美的艺术!那皎洁的月光仿佛上苍深情的注视,仿佛天国的雪花披在他的肩头。那一刻,谁能说他不是幸福的?"

④哲学大师康德最喜欢凝神仰望夤(yín)夜星河。"每当我静静地伫立仰望那浩渺深邃的蔚蓝色的天空时,一种永恒的肃穆和生命的崇高便油然而生——仿佛上帝在叩响自己的额头,一股神秘而伟大的授意如波涛般汹涌而来……"

⑤贝多芬豪迈地宣称:"我的王国在天空!""当黄昏来临,我满怀着惊奇感,注视着天空,坠入沉思。一群闪闪发光的天体在那儿旋转运行,永无止境……此时此刻,我神游魂驰,精神超越了这些距我们亿万公里的群星,一直向那万物之源奔去……渐渐地,我试着把那团激情转化为音响……打开心坎的东西必然来自天空!"

⑥一次我随黑压压的人群,在深夜里爬上泰山极顶,守望东海日出。山涧、鸟鸣、夜露,掩不住心中渴望的激动。黎明的曙光射出万支金箭,点燃了朝霞,苏醒的泰山发出铮铮的声响,从青灰色的雾霭中逐渐显现出它坚实的轮廓。一轮朝阳从海上喷薄而出,圣光充溢,喷涌,流动,一个熠熠闪光的世界点亮我的双眼!我透过那浓密的树梢,遥望到远方的木船已挂起了洁白的帆——那迎风摇曳的希望之帆,正颤动于朝阳之中。此时,朝阳、白帆、碧空,把我对遥远未来的瞻瞩和渴盼,带向广阔无垠的苍穹。

⑦仰望就是追寻崇高。也许我们抵达不到崇高,但我们可以仰望,让崇高引领,在人世中行走,穿越灵魂,在心灵根底树起精神的皇座,把立在大地上的血肉之躯与高高在上的精神品格结合起来,感悟到皈依的崇高,最终作为生命的坚强支柱而矗立在世界上,支撑起富于意义与价值的生命世界。

⑧人,总要仰望点什么,一轮红日,一弯新月,一片云朵,一座山

峰,一棵古树……只要能激起你心底的波澜,哪怕是一丝涟漪。当你仰望时,一股庄严神圣的力量,一个崇高的形象,或者一些伟大的词句就会从你的内心涌起!

(选自《读者》2006 年第 2 期,有删改)

1. 阅读全文,说说"老画家"、康德、贝多芬和"我"在"仰望"时各自的感受是什么?

老画家:＿＿＿＿＿＿＿＿＿＿＿＿＿＿＿＿＿＿

康德:＿＿＿＿＿＿＿＿＿＿＿＿＿＿＿＿＿＿＿

贝多芬:＿＿＿＿＿＿＿＿＿＿＿＿＿＿＿＿＿＿

"我":＿＿＿＿＿＿＿＿＿＿＿＿＿＿＿＿＿＿＿＿

2. 说说第⑦段中加点的"精神的皇座"的含义。

＿＿＿＿＿＿＿＿＿＿＿＿＿＿＿＿＿＿＿＿＿＿＿

3. "仰望,就是漫漫黑夜中的灵魂追寻,它使人重返失落的精神家园。"在生活中,你也许也"仰望"过,请仿照例句,写出你对"仰望"的理解。

仰望,就是＿＿＿＿＿＿＿＿＿＿＿＿＿＿＿＿＿＿,
它使人＿＿＿＿＿＿＿＿＿＿＿＿＿＿＿＿＿＿＿＿。

4. 作者在第⑥段写自己于泰山极顶看日出,就视角来说,不能算作"仰望"。这应该不是作者的疏漏,请谈谈你对作者之所以这样写的理解。

5. 人,总要仰望点什么。苏轼仰望中秋的圆月、青天,激起了他"心底的波澜"。请结合《水调歌头·明月几时有》分析说明作者仰望后思想感情的变化。

＿＿＿＿＿＿＿＿＿＿＿＿＿＿＿＿＿＿＿＿＿＿＿

＿＿＿＿＿＿＿＿＿＿＿＿＿＿＿＿＿＿＿＿＿＿＿

答案:

课外阅读

(一)1. 钱学森对金钱和地位看得很淡。 2. 说明了钱学森对科学之外的东西并无所求,一心扑在科学事业上。研究科学,抛除杂念的科学精神。 3. 钱学森是一个对金钱看得很淡漠,对科学事业高度负责,具有爱国精神的科学家。

1. 老画家:看到了大自然最完美的艺术!

康德:一种永恒的肃穆和生命的崇高便油然而生——仿佛上帝在叩响自己的额头,一股神秘而伟大的授意如波涛般汹涌而来。

贝多芬:神游魂驰,精神超越了这些距我们亿万公里的群星,一直向那万物之源奔去。

"我":透过那浓密的树梢,遥望到远方的木船已挂起了洁白的帆——那迎风摇曳的希望之帆,正颤动于朝阳之中。

2. 指崇高或神圣的理想(信念、精神品质)。

3. 示例:仰望就是迷茫徘徊时的精神探求,它使人回到有价值的生命世界;仰望就是消沉苦闷时的心灵震撼,它使人找回生活的希望和目标。

4. 这里的仰望不能简单地理解为视觉角度的"仰视",而应该理解为一种对崇高精神境界的追求,是一种心灵的崇敬和景仰。

5. 仰望使苏轼放弃了消极遁世的念头,转为对人世生活的热爱,并在仰望中寄托了对离人的美好祝愿。(意思对即可)

《人民科学家的精神风采》导学案(第二课时)

学习目标:

1. 通过参观钱学森图书馆,了解他的科学成就。
2. 阅读具体事例,感受钱学森追求卓越的崇高科学精神。
3. 感悟钱学森不畏强暴、公而忘私的爱国主义精神。

学习过程:

1. 完成钱学森求学经历并归国的经历表格。

钱学森这一生的成就与他所受的教育不可分割,钱学森出身于书香门第,先后就读于多所名校,受教于众多名师。良好的家庭教育与一流的学校教育相辅相成,为钱学森成才奠定了坚实的基础。天勤奋刻苦的努力之外,优良的家风同样是将他推向世界大舞台的重要原因。作为吴越王钱镠第 33 世孙,钱学森从小就受到了极好的家庭教育。父亲钱均夫是知名的教育家和文史专家,他有感于中国当时所处的困境,因此经常劝导钱学森:一定要好好读书,把我们的国家建设得富强起来。在考入上海交通大学后,他又考取了公费留美的留学生资格,在这一路未知的旅途中,父亲的八字家训一直陪伴着他,那就是:"学习知识,贡献社会。"

钱学森的经历	钱学森语录
1935 年 8 月,24 岁的钱学森从上海登上"杰克逊总统号"邮轮,开启了他追逐梦想的漫长旅程	赴美前,钱学森向同学表露心声:"现在中国＿＿＿＿＿,我到美国去学技术是暂时的,学成之后,＿＿＿＿＿。"
钱学森先后就读于麻省理工学院、加州理工学院,在世界闻名的空气动力学权威冯·卡门的指导下,他苦心钻研,攻克了当时航空前沿的许多难题,从此声名鹊起,被称为"上帝的孩子"。钱学森在美国取得了常人难以企及的成就,他是麻省理工学院最年轻的终身教授、世界空气动力学权威。他与"火箭俱乐部"的同伴一起成功发射了一枚自制火箭,许多年后,他们的试验场成为著名的美国国家航空航天局(NASA)喷气推进实验室(JPL)	创新的学风弥漫在整个校园,可以说,整个学校的一个精神就是创新。在这里,＿＿＿＿＿ 一个有科学创新能力的人不但要有科学知识,还要有＿＿＿＿＿。……我觉得艺术上修养对我后来的科学工作很重要,它＿＿＿＿＿ 科学精神最重要的就是＿＿＿＿＿＿＿＿。对待科学必须＿＿＿＿＿
加州理工学院崇尚创新,对钱学森产生了重要影响,他一生中科学创新不断,晚年更关注于创新人才的培养	尽管享有优厚的待遇,但钱学森并没有打算留在美国,他说:"在美国期间,有人好几次问我存了保险金没有,我说＿＿＿＿＿,他们听了感到奇怪。其实没什么奇怪的。因为＿＿＿＿＿。"

续 表

钱学森的经历	钱学森语录
第二次世界大战期间,钱学森以美军上校的身份跟随冯·卡门飞赴战火纷飞的德国进行考察。这次考察不仅带回了纳粹德国先进的火箭技术资料、设备和科研人员,还编撰了一份名为《迈向新高度》的考察报告,为战后美国飞机、火箭、导弹的发展提出了规划蓝图。钱学森是这份报告的主要执笔人之一	钱学森这样概括他在美国的20年:"我从1935年去美国,1955年回国,在美国待了二十年,二十年中,前三四年是_____,后十几年是_____,所有这一切都是在做准备,为了_____。"
1949年10月1日,中华人民共和国成立。获知这一喜讯,钱学森激动不已,开始为回国做准备	虽然身在美国,但钱学森始终在等待报效祖国的机会,他说:"我是中国人,根本不打算_____。到1950年我得知新中国成立,认为_____。"
就在钱学森对回归祖国满怀憧憬之时,厄运不期而至。在美国的反共浪潮中,钱学森遭到怀疑、盘问和监视。他托运回国的行李亦被扣留,本人也被禁止离开美国,甚至一度还被关押在拘留所,失去人身自由。在军方看来,钱学森的身价可抵"五个海军陆战师",所以宁可枪毙,也不甘心放他回到中国	美国司法部"钱学森案"听证会:(请尝试根据逻辑推理,还原钱学森与检察官古尔丘在听证会上的对话) 古:"你不准备去中国台湾吗?" 钱:_____ 古:"那你忠于谁?" 钱:_____…… 古:"你想怎么处理你随身带走的那些资料?" 钱:_____ 古:"你想怎么处理它?" 钱:"_____" 古:"你会让它对中国有用吗,共产主义中国?" 钱:_____…… 古:"假如美国和红色中国之间发生冲突,你会为美国对红色中国作战吗?" 钱:_____

续　表

钱学森的经历	钱学森语录
长达5年的软禁生涯并没有磨灭钱学森的意志,他转向全新的研究领域,开创了一门新的学科——工程控制论。1955年,转机悄然而至,钱学森巧妙避开监视,寄出一封辗转多地的求援信,希望中国政府帮助孤悬海外的游子返回祖国	在给全国人大常委会副委员长陈叔通的信中,钱学森写道:"……被美政府拘留,今已五年。＿＿＿＿＿＿＿＿＿＿＿＿＿＿＿＿＿＿参加伟大的建设高潮。……学森这几年中唯以＿＿＿＿＿＿＿＿＿＿＿＿＿＿＿＿＿＿,以备＿＿＿＿＿＿＿。"
1955年8月,中美大使级会谈在日内瓦举行,在中方的努力交涉下,美方最终允许钱学森离开美国。周恩来曾意味深长地说:"中美大使级会谈虽然没有取得实质性成果,但我们要回了一个钱学森,单就这件事来说,会谈也是值得的,有价值的。"	多年后,钱学森告诉留学英国的中国学生:"我为什么要走回归祖国这条道路?我认为道理很简单——鸦片战争近百年来,＿＿＿＿＿＿＿＿＿＿＿＿＿＿＿＿＿＿＿＿＿＿＿＿＿＿＿＿＿＿＿＿＿＿＿。革命先烈为兴邦,为了炎黄子孙的强国梦,献出了宝贵的生命,血沃中华热土。我个人作为炎黄子孙的一员,只能＿＿＿＿＿＿＿＿＿＿＿＿＿＿＿＿＿＿,不顾及其他。"

1955年10月,满怀爱国热情的钱学森终于回到祖国。此时的中国国力薄弱、百废待兴,面临着严峻的国际局势和军事威胁。陈赓大将专程与钱学森会面,向他提问:"你看我们中国人能不能搞导弹?"钱学森不假思索地回答:"中国人怎么不行啊?外国人能搞的难道中国人不能搞?中国人比他们矮一截?"中国航天事业就此开端

2. 时光穿梭,同学们回到了"两弹结合"实验成功的现场,面对欢呼雀跃的官兵,你将要现场发表3分钟的即兴演讲,撰写演讲稿并尝试挑战演讲。

＿＿＿＿＿＿＿＿＿＿＿＿＿＿＿＿＿＿＿＿＿＿＿＿＿＿＿＿＿＿＿
＿＿＿＿＿＿＿＿＿＿＿＿＿＿＿＿＿＿＿＿＿＿＿＿＿＿＿＿＿＿＿
＿＿＿＿＿＿＿＿＿＿＿＿＿＿＿＿＿＿＿＿＿＿＿＿＿＿＿＿＿＿＿
＿＿＿＿＿＿＿＿＿＿＿＿＿＿＿＿＿＿＿＿＿＿＿＿＿＿＿＿＿＿＿

3. 今天身处和平时代的人们对"两弹一星"的意义很难有切身体会,甚至有人说,"两弹一星"花费了太多人力财力,并不值得。对此,几乎从不生气的钱学森忍不住发火了:"当时我一听呢,我就气极了,我就马上就憋不住就发言,我说:哪有这样的话,我说要没有两弹一星,我说诸位啊,我们不可能在这里开会!我们没有这个条件!"

对此,你如何理解钱学森的这段话?

我有一个梦想
——和钱学森爷爷一起追梦

上海市徐汇区龙南小学　朱赐婷

一、教材分析

本课教学内容选自《习近平新时代中国特色社会主义思想学生读本(小学低年级)》第4讲《我们的中国梦》的第一课。在现有教材内容基础上，补充利用钱学森图书馆的人文资源，结合单元主题，通过与主题相关的其他学习资源的补充，丰富本课的学习资源。本课开展交流讨论、故事讲述、小组合作等一系列活动，探索钱学森如何为了实现梦想而努力奋斗，感受人物的精神品质，从而引导学生讲好英雄故事，感悟英雄品质，从小为实现自己的梦想而奋发努力。

二、学情分析

本课针对小学三年级的学生实施。小学三年级的孩子通过家长的熏陶、学校的德育等方式从小对梦想充满了向往和期待，他们对实现自己的梦想感到非常的兴奋和激动。这为本课的学习提供了较好的保证。但是三年级的孩子年龄还小，对梦想的内涵，实现梦想的方式，以及实现梦想过程中会遭遇的坎坷理解甚少，又缺乏实际的生活体会，通过对英雄故事的探索，有助于加深学生对树立梦想、实现梦想等内容的理解，促进学生知行合一。

三、教学策略与方法

在教法上，本课首先以任务为驱动，引导学生在明确学习评价方式的基础上，依托教师提供的学习支架开展自主探究学习，逐步达成教学目标。其次,通过"讲一讲""演一演""画一画"等方式,引导学生加深对故事内容的理解,对人物品质的感悟,激发对英雄人物的崇敬之情,并产生向他学习的意愿和决心。

四、教学评价方式或方法

1. 用自己所喜欢的方式进行参观记录:通过这种评价方式可以直观地了解学生的参观情况,同时创设了更加自由自主的学习环境,有利于学生开展自主探究。

2. 思维导图:通过这种评价方式可以将学生较为分散的交流内容进行整理,形成即时的过程性评价,有利于学生在课后继续开展相关拓展活动。

3. 合作学习:通过小组合作的学习形式,可以运用好"同伴"这一学习资源补充学习收获,提升个人认知,同时提升学生的团队合作能力。

4. 梦想加油站:通过学生所填写的内容,教师可以了解学生的想法和本堂课的学习收获,便于课后跟进巩固学习成果。

教 学 设 计

【**教学目标**】

1. 实地参观,初步了解钱学森的生平事迹。
2. 讲述钱学森的故事,感悟他为实现梦想不懈奋斗的品质。
3. 从小怀抱梦想,树立目标,明白美好的梦想需要通过实际行动去实现。

【**教学重难点**】

1. 教学重点:通过了解钱学森的故事,感悟他为实现梦想而不懈奋斗的品质。

2. 教学难点:能树立目标,在日常生活和学习中一步步实现自己的梦想。

【教学资源】

1. 教具：导学案。

2. 学具：平板。

【教学过程】

学习内容	教师活动	学生活动	设计意图
我的梦想	1. 指引学生交流自己的梦想，分享梦想的由来 2. 介绍梦想的内涵 3. 布置课后活动：担任红领巾讲解员，讲述钱学森的故事	结合自己的实际生活，分享自己的梦想	从学生真实的想法出发，从感性和理性两个角度形成对梦想的正确认识，激发学生对追求梦想的热情。将课后活动前置的环节，有利于学生明确学习目标，并以任务为驱动而开展学习
追梦人钱学森	1. 引导学生在参观过程中收集最让自己感动的故事片段 2. 组织学生交流参观后让自己感动的故事片段 3. 指引学生交流后构建思维导图 4. 组织学生交流感受，完善思维导图，讲述钱学森的故事 5. 课后活动布置	1. 参观钱学森图书馆，初步了解钱学森的生平事迹，用自己所喜欢的方式记录最让自己感动的故事片段 2. 交流参观后让自己感动的故事片段 3. 小组合作交流感受，完善思维导图，讲述钱学森的故事	引导学生开展实地参观，有助于他们直观地了解钱学森的相关故事，感知人物的精神品质。在此基础上通过讲述故事，感悟品质，可以加深学生的感悟，同时，通过思维导图梳理学生交流的内容，可以加深学生记忆，利于课后开展红领巾故事宣讲活动

续 表

学习内容	教师活动	学生活动	设计意图
争做追梦少年	1. 引导学生思考为实现自己的梦想可以做些什么 2. 组织学生填写梦想加油站	1. 交流为实现自己的梦想可以做些什么 2. 填写梦想加油站	通过上一环节的活动，学生对于如何追寻梦想有了一定的感悟，再次回归自己的梦想，可以引导学生从追求梦想的热情回归理性思考，并通过制定小目标的形式引导学生为实现梦想而努力
课堂小结	教师语言小结		
课后拓展	布置课后探究活动： 1. 担任红领巾讲解员，讲述钱学森的故事 2. 通过阅读书籍、查找资料等方式，了解更多伟人为实现梦想而努力奋斗的故事	选择参与课后探究活动： 1. 担任红领巾讲解员，讲述钱学森的故事 2. 通过阅读书籍、查找资料等方式，了解更多伟人为实现梦想而努力奋斗的故事	课堂时间是有限的，根据学生实际的学习接受能力，对于英雄人物品质的感受，学生的接纳程度因人而异，因此需要通过与课堂活动相联系的拓展活动，引导学生不断加深感悟，并能做到知行合一

教 学 详 案

一、我的梦想

师：小朋友们，老师这里有一些用"梦"字所组成的词语，你最喜欢哪个呀？为什么？

生：我喜欢美梦，因为做了美梦会让我很开心。

我喜欢梦想，因为梦是再美也是假的，梦想是可以实现的。

师：你说得有道理！梦想就是人们对于美好事物的一种憧憬和渴望，是人类最天真、最无邪、最美丽、最可爱的一种愿望。小朋友们，你的梦想是什么呀？

生：我的梦想是……

师：为什么你产生这样一个梦想呢？

生：因为……所以我梦想……

师：是呀！每个人都有自己的梦想。梦想不分大小，只要能为国家做贡献，都值得尊重。每一个梦想，都承载着我们对未来的追求和美好的希望。只要我们心中有梦想，脚下就会有力量，未来就会有方向。那么如何实现自己的梦想呢？今天，就让我们走进钱学森图书馆，一起去了解钱学森爷爷是如何实现自己的梦想。

二、追梦人钱学森

师：说起钱学森爷爷，你们对他有些什么了解呢？

生：我知道钱学森爷爷是世界著名的科学家，是航空航天领域内最为杰出的代表人物之一。

我知道他是"两弹一星"功勋奖章的获得者，被称为"人民科学家"。他还是"中国导弹之父"呢！

师：钱爷爷还有许多了不起的故事呢！接下来，就请大家组成参观小队，自由参观钱学森图书馆，了解钱学森的故事，在导学单上用你所喜欢的形式记录最让自己感动的故事片段和你的感想。

（组织学生参观）

师：刚才大家参观了钱学森图书馆，了解到哪些感人的故事呢？你的感想是什么呢？

生：1955年，钱学森见到陈赓大将，陈赓问他，中国人搞导弹行不行？在美国憋了一肚子气回国的钱学森很干脆地说："中国人怎么不行啊？外国人能搞的，难道中国人不能搞？中国人比他们矮一截？"从中我感受到钱爷爷对于中国开展导弹研究充满了信心，并且经过了刻苦的研究，我国第一枚装有核弹头的中近程地对地导弹实验成功了。

外国人能造出来，我们中国人同样能造出来，我们又不比他们矮一截。
1966年10月27日，第一枚装有核弹头的中近程地对地导弹试验成功
左起为张贻祥、李福泽、聂荣臻、钱学森

做研究就是开拓新的知识领域，攻克学术的前沿阵地。
1935年8月，钱学森从上海黄浦江码头登上美国邮轮公司的杰克逊总统号，
怀着"航空救国"的远大理想，赴美深造。

1935年8月,钱学森为了学到更多更先进的知识,前往美国进行学习。从中我感受到钱学森非常好学,对新知识十分渴望。

　　我来补充,我发现钱爷爷学习过的学科非常多,除了科学知识外,他还注重艺术修养,可见他十分好学。

　　你们看!这张照片中的书有400多本,都是钱爷爷读过的。据统计钱爷爷一生读过的书有2 800多本,平均每天读一本书,真是太厉害了!

　　我也有发现!钱爷爷有做手记的习惯,会把自己读到有用的文章、新闻等做成剪报反复阅读。我觉得这是一个学习知识的好办法。

　　钱学森提出"八年四弹"发展规划、人造卫星"三部曲"。我发现钱爷爷在研究过程中态度非常严谨。

　　从钱爷爷使用了40年的公文包,经常使用的服装、用品,我发现他非常节俭,把所有的精力都投入科学研究中。

　　钱爷爷为中国导弹研究做出了这么多的贡献,称他是"导弹之父"很合理,可钱学森却否认这个称呼。我从中看出他非常谦虚。

　　为了回到祖国,钱爷爷在美国受到如同罪犯般的关押,可他依然坚持回到中国,我感受到他非常热爱自己的国家。

　　……

　　师:通过大家的交流,我们了解不少钱爷爷的故事,同学们也有了很多自己的感想。小朋友们一定还有很多故事想讲,接下来请大家将自己所搜集的故事分享给身边的同学听,再将自己的感想浓缩成关键词,像老师刚才那样贴在思维导图上。

　　(学生交流)

　　师:在大家的补充下,钱爷爷的故事越来越丰富了。课后,大家就可以结合导图中的相关内容和感受,开展红领巾故事宣讲活动啦!

　　其实,在中国大步前进的道路上,还有许多了不起的英雄,如:袁隆平爷爷、屠呦呦奶奶……老师也推荐大家继续通过阅读书籍、查找资料等方式,了解更多前辈们为实现梦想而努力奋斗的故事,感受前辈们为实现梦想不断奋进的精神。

三、争做追梦少年

师：小朋友们，我们的先辈们为实现自己的梦想、中国的梦想而努力奋斗，那么为实现我们的梦想，你们觉得自己可以做些什么呀？

生：我可以像钱爷爷那样学习各方面的知识。

我要拥有一颗爱国的心，学好本领把祖国建设得更好。

我从现在开始努力做到环保、绿色出行，这样未来我们才会拥有更美好的环境。

……

师：你们说得真好！在通往梦想的路上，不管是一帆风顺，还是遇到坎坷，我们都要敢于有梦、勇于追梦、勤于圆梦。请同学们为自己制定1~2个小目标，在本学期里努力地实现它，一起为实现自己的梦想而努力。

四、课堂小结

今天，我们来到钱学森图书馆，开展了一堂特别的读本课，不仅对钱学森爷爷的故事有了深入的了解，也从故事中感悟到他为了实现梦想而不断奋斗的品质。心怀梦想，我们才会有前进的动力和方向，正如习近平爷爷所说："人民有信仰，国家有力量，民族有希望。"让我们和钱学森爷爷一起追梦，准备着为实现中华民族伟大复兴的中国梦贡献力量。

五、课后拓展（2选1）

1. 担任红领巾讲解员，讲述钱学森的故事。

2. 通过阅读书籍、查找资料等方式，了解更多前辈为实现梦想而努力奋斗的故事。

导　学　案

我有一个梦想——和钱学森爷爷一起追梦

我的梦想	

续 表

（请自由参观钱学森图书馆，了解钱学森的故事，在此处用你所喜欢的形式记录最让自己感动的故事片段。）

我的感想	
梦想加油站	为了实现梦想，本学期我可以这么做： 1. 2.

初步探索宇宙的工具

上海市徐汇区龙华小学　钱　菁

一、教材分析

本课教学内容选自上海科技教育出版社《自然》（科教版）教材第八册第六单元《太阳系与宇宙探索》的第二课时《探索宇宙的工具》。在现有教材内容基础上，根据深化课程改革的相关要求，围绕"双新"课程的开展，补充利用钱学森图书馆的科技资源。结合单元主题，通过与主题相关的其他科学知识的补充，从内容等不同角度整合教学资源，立足红色主题构建本课。本课开展阅读、体验、制作等一系列教学活动，挖掘具有爱国主义情怀的科学内容，探索红色科技的魅力，结合校史校情，开展具有综合实践特征的科技教学。在教学材料和教学地点的组织过程中密切关注学科德育的有效渗透，为自然课程的深入实施提供支持。

二、学情分析

本课针对的班级是本校拓展研究型课程《绿野仙踪》课程中四、五年级的学生。这些学生已经具备了一定的科学实践能力，参加过各级各类"航天"系列的科普竞赛，因此为本课的学习活动和实践活动提供了较好的保证。但对于如何理解、探索航天工具需有所加强。因此学生通过课堂教学与红色教育结合的科技教学，提高热爱祖国与对科技学习的激情。

三、教学策略与方法

本课活动通过两个活动而开展。活动一，通过观察、阅读，认识各种探索宇宙的工具,并以观察钱学森图书馆内的"东方红1号"为载体,加深对探索宇宙的工具的了解。活动二,通过制作一个火箭模型,加深对火箭的认识。

四、教学评价方式或方法

学生、同伴、教师根据活动评价单各项内容,分别给予学生相应☆数。

附:

《初步探索宇宙的工具》评价单

序 号	评价内容	自我评价	同伴评价	教师评价
1	课前搜集,乐于分享	☆	☆	☆
2	认真倾听,尊重他人	☆	☆	☆
3	参观考察,勤于记录	☆	☆	☆
4	合作制作,环境整洁	☆	☆	☆

班级_____ 姓名_____ 总星数_____

教 学 设 计

【教学目标】

《探索宇宙的工具》是上海科技教育出版社《自然》(科教版)教材第八册第六单元《太阳系与宇宙探索》的第二课时。本课的目的是让学生初步认识一些探索宇宙的工具。

1. 通过搜集资料,初步了解一些探索宇宙的工具和设备,感受航天技术是不断发展的。

2. 能够搜集有关"东方红1号"的资料,提高搜集资料的能力。

3. 通过制作火箭模型,提高动手制作的能力,增强民族自豪感。
4. 初步了解我国航天技术的发展,产生爱祖国、爱科学的思想情感。

【教学重难点】
本课的教学重点是了解一些探索宇宙的工具。

【教学资源】
1. 各类探索宇宙的工具的图文、视频资料。
2. 钱学森图书馆内"东方红1号"模型及文字版面。
3. 火箭模型材料(配套)、剪刀、胶水等。

【教学过程】

学习内容	教师活动	学生活动	设计意图
认识各种探索宇宙的工具	1. 引导学生回忆望远镜等探索宇宙的工具,从而激发学生了解、认识各种探索宇宙的工具的兴趣 2. 教师提前搜集一些探索宇宙的工具的图文或视频资料	1. 课前搜集:搜集各种探索宇宙的工具的图文、视频资料 2. 观察:教材第54页的图片 3. 交流:结合教材和自己搜集到的图文、视频资料,介绍自己所感兴趣的宇宙探索工具	通过搜集资料,了解一些探索宇宙的现代工具,提高搜集资料的能力和感受航天技术是不断发展的
东方红一号	1. 视频:"东方红1号" 2. 组织学习:钱学森图书馆B1的"东方红1号"的模型	根据导学单指引,了解中国第一个探索宇宙的工具——"东方红"1号,增强爱祖国、爱科学的思想情感	初步了解我国航天技术的发展,产生爱祖国、爱科学的思想情感
火箭模型制作	1. 介绍:火箭的发明、发展及贡献等科学史,激发学生爱祖国、爱科学的情感和制作模型的兴趣 2. 指导制作:火箭模型	1. 讨论:"东方红1号"是怎么升空的?中国的"长征"系列火箭是什么样子的?它的发展过程如何? 2. 制作:火箭模型 3. 展示:火箭模型	1. 通过制作"长征3号"火箭模型,初步学习模型的制作,提高动手能力 2. 增强民族自豪感

续 表

学习内容	教师活动	学生活动	设计意图
课堂小结	教师语言小结		
课后拓展	布置课后探究主题:请同学们进入钱学森图书馆,了解我国为探索宇宙做的贡献	在钱学森图书馆中观看其他科普展板	能结合红色文化,在钱学森图书馆内,知行并进,厚植爱国主义情怀

附:

教 学 详 案

一、认识各种探索宇宙的工具

1. 谈话:在我们生活着的地球之外是一个广阔无边、无始无终的世界,被称为"宇宙",宇宙里有许多奥秘正等着我们去探索。太空离我们如此遥远,在科学技术不发达的时代,我们只能用肉眼观察,后来望远镜的出现,大大提高了人们观测太空的能力。那么,用望远镜观测太空的技术是怎样不断发展的呢?

2. 多媒体展示世界上第一架天文望远镜、射电望远镜、哈勃太空望远镜的有关知识以及格林尼治天文台的有关情况。

3. 讲述:刚才我们认识了各种望远镜,如今各种探索宇宙的工具已将人们带进了崭新的航天时代,人类的足迹正走向宇宙的深处。

4. 多媒体展示人造卫星、宇宙飞船、行星探测器等。

5. 提问:除此之外,你们还知道哪些探索宇宙的工具呢?我们的航天事业又是怎样发展的呢?

6. 组织学生介绍课前搜集的有关图片和资料。

【评析】 通过学生交流课前搜集的有关资料,丰富了学生对各种探索宇宙的工具认识,同时体会到人类观测太空的工具在不断地发展。

二、"东方红1号"

1. 导学：钱学森提出了我国人造卫星发展"三部曲"："第一，能上去；第二，能回来；第三，占领同步轨道。"三部曲描绘了我国空间技术发展的宏伟蓝图。从20世纪70年代起，我国第一颗人造地球卫星、第一颗返回式卫星、第一颗通信卫星相继发射成功，钱学森提出的我国人造卫星发展的"三部曲"全部实现。

卫星"三部曲"

2. 视频：钱学森和"东方红1号"

"东方红1号"卫星在先后完成空间模拟实验和地面测控跟踪系统之后，装载卫星和火箭的专列于1970年4月1日秘密抵达位于酒泉的卫星发射基地。

1970年4月17日，"长征1号"运载火箭和"东方红1号"卫星顺利进入2号发射阵地。4月18日，火箭与卫星开始垂直测试；19日，各分系统测试，一切准备就绪。1970年4月24日21时35分，"东方红1号"卫星由"长征1号"运载火箭从酒泉卫星发射场发射升空，10分钟后，卫星顺利进入轨道。《东方红》的乐曲从太空传到了世界各地，中国成为世界上第五个独立研制并发射人造地球卫星的国家。

"东方红 1 号"卫星的主要任务是进行卫星技术试验、探测电离层和大气层密度。由于电池寿命有限,卫星工作 28 天(设计寿命 20 天)。在此期间,卫星把遥测参数和各种太空探测资料传回地面。

　　1970 年 5 月 14 日,"东方红 1 号"卫星停止发射信号;但卫星的轨道寿命并没有结束,"东方红 1 号"卫星仍在太空运行。我国首颗人造卫星"东方红 1 号",迄今仍在轨运行。

"东方红 1 号"卫星参数

基 本 参 数	
卫星形体	近似球形 72 面体
质量	173 千克
直径	1 米
稳定方式	自旋状态稳定
空间转速	120 转/分钟
外壳材料	温控处理铝合金
短波天线	4 根 2 米鞭状天线
播送频率	20.009 兆周
轨 道 参 数	
近地点	441 千米
远地点	2 368 千米(2 286 千米)
椭圆轨道倾角	68.44 度
运行周期	114 分钟

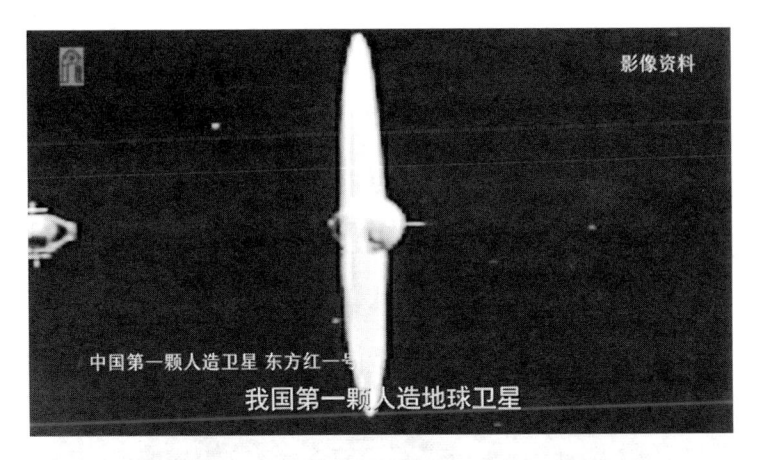

影像资料

中国第一颗人造卫星 东方红一号

我国第一颗人造地球卫星

影像资料

中国第一颗返回式人造卫星 尖兵一号（长征二号）

第一颗返回式卫星

此曲为东方红一号卫星在太空"奏响"的《东方红》乐曲

初步探索宇宙的工具

3. 分小组参观学习："东方红1号"模型及文字介绍

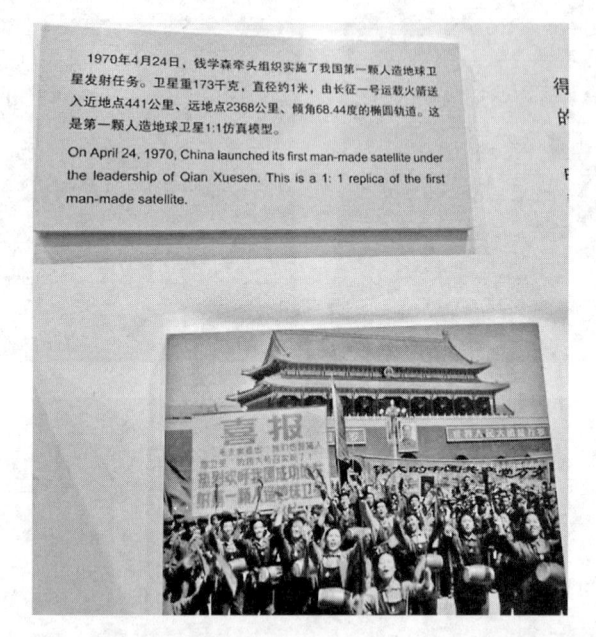

4. 记录：完成导学单(活动作业单)

5. 交流汇报

6. 教师小结：中国第一颗人造卫星"东方红1号"发射成功，拉开了中国人探索宇宙奥秘、和平利用太空、造福人类的序幕。今天，"嫦娥"5号将执行月球采样返回任务、实施火星探测任务，北斗导航全球组网，高分专项工程天基系统基本建成……这些成绩的取得离不开前辈打下的坚实基础。

【评析】 这一环节，学生通过了解中国第一个探索宇宙的工具——"东方红1号"，初步了解我国航天技术的发展，产生爱祖国、爱科学的思想情感。

三、火箭模型制作

1. 谈话：随着时光的流逝，人们更想冲出地球，飞向宇宙探个究竟。那么冲出地球最大的困难是什么呢？(无法脱离地球的束缚)是什么帮助我们将这么多探索宇宙的工具送上了太空？(火箭)

对！只有当航天器的速度达到每秒7.9千米时，它才会脱离地球的引力而飞向太空。现在，冲出地球的梦想经过几代人的努力，终于实现了。那人们是怎样摆脱地球的束缚呢？(逐级加速的多级火箭)

2. 介绍中国古代的火箭模型和中国的"长征"火箭。

3. 谈话：你们想制作一个小火箭的模型吗？应用桌上材料怎么制作？

(1) 小组讨论、交流。

(2) 介绍：制作方法。

(3) 制作并调试：火箭模型。

(注意：要在无人处试验)

【评析】 这一环节，在学生认识了几种火箭后自己动手制作火箭模型，一方面激发了学生的探索欲望；另一方面通过制作活动，加深了学生对火箭升空原理的了解，同时培养了学生的合作意识和能力。

四、课堂小结

1. 交流：学习体会。

2. 小结：无边无际的宇宙，在人们的眼里，好像披着一层神秘的面纱。为了了解它究竟藏着多少奥秘？从古至今，人类与生俱来的好奇心就驱使着人们不断地去探索着，希望能够更清楚地认识宇宙的真面貌。探索宇宙的工具应景而生，同时还有一群科学家，如钱学森受命领导开创中国的航天事业，站在世界科技的前沿，以远见卓识和非凡智慧，带领中国航天在经济落后和工业薄弱的基础上，突破了航天技术的诸多难关，先后发射成功导弹和人造卫星，开创了中国航天的新纪元。在他的指引和影响下，航天人创造了中国航天发展史上一个又一个奇迹，相继攻克了载人航天和月球探测的技术制高点，实现了中华民族千年飞天、奔月的梦想。

五、课外活动

一段中国航天史，一位人民科学家，在这里读懂钱学森。让我们走进钱学森图书馆，聆听科学家故事，近距离感受科学家们的杰出贡献和崇高风范。了解并记录航天知识，了解中国航天事业的发展。

【评析】 通过参观和搜集活动，进一步激发学生探索宇宙奥秘的兴趣，同时，从中国宇航事业的飞速发展中使学生体会到一种民族的自豪感。

导学案(活动作业单)

一、课前准备

介绍一种探索宇宙的工具。

我要介绍的探索宇宙的工具是 _____	
图片(照片)	我最感兴趣的特点

二、"东方红 1 号"

认真有序观看视频、参观钱学森图书馆，完成以下内容：

1. 钱学森图书馆_____展厅陈列着我国发射的第一颗人造地球卫星"东方红 1 号"1∶1 的模型。

   A. B1   B. 1 楼   C. 2 楼   D. 3 楼

2. _____年 4 月 24 日，钱学森牵头组织了"东方红 1 号"我国第一颗人造卫星的发射任务。

   A. 1967   B. 1970   C. 1971   D. 1972

3. "东方红 1 号"向全世界播送着悠扬的《_____》，宣告中国进入了航天新时代。

   A. 东方红   B. 我爱北京天安门   C. 歌唱祖国

4. 我国成为了第_____个用自制运载火箭发射国产卫星的国家。

5. "东方红 1 号"有_____根"小辫子"——鞭状短波天线。

   A. 4   B. 5   C. 6   D. 7

三、火箭模型制作

我的火箭调试了_____次后，_____（填"能"或"不能"）飞行。

四、学习体会

_____

_____

五、评价单

《初步探索宇宙的工具》评价单

序　号	评价内容	自我评价	同伴评价	教师评价
1	课前搜集，乐于分享	☆	☆	☆
2	认真倾听，尊重他人	☆	☆	☆

续表

序　号	评价内容	自我评价	同伴评价	教师评价
3	参观考察,勤于记录	☆	☆	☆
4	合作制作,环境整洁	☆	☆	☆

班级_____ 姓名_____ 总星数_____

学习钱学森先生严谨细致的态度，探究平均数的应用

上海市徐汇区日晖新村小学　陈骏婕

一、教材分析

本课教学内容选自上海教育出版社九年义务教育课本数学五年级第一学期第三单元《统计》。在现有教材内容基础上，根据深化课程改革的相关要求，围绕"双新"课程的开展，补充利用钱学森图书馆的藏品资源。结合单元主题，通过与主题相关的馆藏品的补充，从内容、文化等不同角度整合教学资源。本课开展观察、实践等一系列教学活动，结合教材通过"步距、步数测量两地的距离"活动，开展具有综合实践特征的数学教学。在教学材料和教学地点的组织过程中，密切关注学科德育的有效渗透，为数学课程的深入实施提供支持。

二、学情分析

本课针对的学生是小学五年级的学生。"平均数"是在学生二年级已经理解了平均分和除法运算含义的基础上开展教学的。根据以往的教学经验，从教学效果来看，在平均数的应用中"用步幅测量距离"问题上要用到两次求平均数，学生理解困难，练习中常出现各种顾此失彼的错误。原因在于学生对于平均数的意义了解得不充分，并且在生活中从未有过测量的经验，导致学生对求平均步数和平均步幅的意义和必要性体会得不够深刻。因此通过学生实地亲身实践，深化他们对平均数含义的理解。

三、教学策略与方法

依据学生学情及教材呈现的内容,设计可以操作的实践活动,如:通过"步距、步数,测量第四展厅"活动,正是把课堂学习间接经验与生活直接经验结合起来,让学生在实践中形成解决问题的能力。

四、教学评价方式或方法

实施活动任务	面向全体 Ⅰ Ⅱ Ⅲ Ⅳ Ⅴ	学为中心 Ⅰ Ⅱ Ⅲ Ⅳ Ⅴ	关注差异 Ⅰ Ⅱ Ⅲ Ⅳ Ⅴ	回应有效 Ⅰ Ⅱ Ⅲ Ⅳ Ⅴ	各有提升 Ⅰ Ⅱ Ⅲ Ⅳ Ⅴ
评价活动效果	全员参与 Ⅰ Ⅱ Ⅲ Ⅳ Ⅴ	主动学习 Ⅰ Ⅱ Ⅲ Ⅳ Ⅴ	积极思考 Ⅰ Ⅱ Ⅲ Ⅳ Ⅴ	个性表达 Ⅰ Ⅱ Ⅲ Ⅳ Ⅴ	目标达成 Ⅰ Ⅱ Ⅲ Ⅳ Ⅴ

教 学 设 计

【教学目标】

1. 通过对步测活动数的观察比较、讨论交流,初步学会应用部分的平均数进行估算来解决简单的实际问题。

2. 经历两次求平均数解决问题的过程,体会平均数是减少测量误差的一种方法。

3. 在应用平均数的知识解决实际问题的过程中,初步感悟模型思想,体验数学与生活的联系,学习钱学森先生严谨细致、实事求是的科学精神和态度。

【教学重难点】

1. 教学重点:用平均数来比较两组数据的情况,能使用部分的平均数进行估算来解决问题。

2. 教学难点:应用平均数解决简单的实际问题。

【教学资源】

1. 教具:导学案。

2. 学具：卷尺。

【教学过程】

学习内容	教师活动	学生活动	设计意图
引入	引导学生复习平均数的计算	计算钱学森先生大学时期航空工程这门课两学期的平均分	让学生感受钱学森先生对学习的重视
探究用步距、步数来测量两地之间的距离	引导学生思考如何利用步数和步幅测量出两地之间的距离	小组合作，反思为何误差较大，进行二次实践探究，得出最终结论	亲身经历测量实验过程，感受到科学的严谨性
布置作业	1. 布置作业内容和作业要求 2. 师评	1. 独立完成作业 2. 自评 3. 互评	结合估测钱学森藏书量活动感受养成阅读习惯的好处
课堂小结	教师语言小结		

附：

教 学 详 案

一、引入

师：同学们，今天我们来到钱学森图书馆上一节特别的数学课。这座雕像就是钱学森先生的头像。谁能说说你对钱学森先生有什么了解？

生：钱学森先生是大科学家、大爱国者。他于青年时期赴美国求学并投身科研工作，新中国成立之后，他毅然放弃在美国享有的优越条件，选择克服困难险阻回到中国，为国家的航天、国防和科学事业做出了卓越贡献，被誉为"中国导弹之父""中国航天事业奠基人"。他的科学精神、爱国情怀和传奇人生一直为世人所传诵。

师：是的，钱学森先生从小就品学兼优，对科学和艺术都有浓厚的兴趣，尤其擅长数学。现在，让我们来回忆一下上节数学课研究了哪些内容？

生1：我们研究了平均数在生活中的应用。当比较的两组数据个数不相同时，可以利用平均数来比较。

生2：计算平均数时，要根据数据特征灵活选择方法。

师：那让我们通过钱学森先生这张大学时期的成绩单来复习一下平均数的相关知识。请大家拿出导学单，独立解决这个问题。

生：$(89+91)\div 2 = 90$（分）。

师：钱先生进取心很强，看到同学们都重视考试，他也不甘落后，非考90分以上不可。有一门化学分析课，为了考出好成绩，钱先生把整本英文版的教材，从第一页到最后一页，连同注释全部背了下来。小朋友们，希望你们也像钱先生一样，对自己高标准、严要求。

二、新课教授

用步幅、步数来测量两地之间的距离。

大家来到地下圆厅。

师：小朋友们，现在你们看到的这幅大型场景画叫"最危险的时刻"，它描绘的是当年"两弹结合"试验中导弹与原子弹进行对接的关键时刻，聂荣臻元帅和钱学森亲自坐镇对接现场，给现场广大指挥员莫大的鼓励和信心。看了这幅画，你们有什么感想？

生：在飞沙走石、寒风刺骨的茫茫戈壁上，人们肯定都很紧张，因为一个小错误可能就会导致巨大的危险。

师：是呀，科学是严谨的，容不下丝毫的错误。小朋友们在平时的学习中也要认真细心。下面就让我们沿着走道，从左到右再好好观摩一下这幅画，体会一下当时紧张肃穆的情形。

师：同学们，你们知道从画的一端走到另一端总长有多少吗？你用什么方法知道？

生：可以用脚步去测量。

师：谁能再具体说说怎么用脚步去测量？我们需要知道哪些信息？

生：我一步跨几米，从左走到右需要几步，然后把两者相乘。

师：是的，一步跨几米，在数学上称之为"步幅"，需要走几步称为"步数"。下面就请你们4人一组，利用手中的卷尺，合作求出总长。

学生小组合作。

汇报1：我们小组派×××走了一下,他一步可以走0.48米,一共走了48步,所以走了23.04米。

汇报2：我们小组派×××走,他一步走0.4米,一共走了52步,走了20.8米。

师：小朋友们,对刚才两组的数据结果,你们有什么想说的？

生：他们最后的结果相差有点多。

师：那你们来分析一下,为什么会导致这样的结果？

生：每个人在走的时候不一定每一步都正正好好走刚才第一次测量出的米数。

师：你们觉得有道理吗？那怎样才能减少这样的误差呢？

生1：我们可以让他先走10步,测量出米数,再取个平均数。

生2：老师,我觉得还应该让他多走几次,记录下每一次的步数,因为不是每一次步数都正正好好一样多的,也应该取个平均值。

师：你们觉得他们的建议怎么样？那就让我们再来实践一下。完成导学案上第二页的小组合作单。

师：通过小组合作探究,你们能不能总结出如何利用步距和步数求出两地之间距离的方法？

生：可以用平均步数×平均步幅＝总长。

师：大家通过观察、测量等实验步骤解决了这个数学问题,相信大家都能从中体会到严谨细致的态度是非常重要的,无论是在学习上还是在生活中,都要向钱学森先生学习,学习他那股刻苦钻研的精神。

三、作业布置

1. 师：现在小朋友们看到的书柜,一共11排7列,构成了一面巨大的书墙,收藏着钱学森先生阅读过的书籍、期刊。书籍陪伴着钱学森,走过了98年人生的大部分时间,与书结伴、以书为友,铸就了钱学森学无止境的一生。但这里陈列的仅仅只是一部分,请你根据图片找到相应书架,数一下这一列书架中,从下往上数第二排和第三排的藏书量,计算一下两数的平均值(四舍五入),并根据这一数据估算一

下这一列书架大致有多少本书？

2. 学生作业，教师巡视。

3. 评价交流

四、课堂小结

这节课我们通过计算钱学森先生成绩单上的平均分、测量步幅步数求出总长的探究活动，感受到了严谨的态度对于科学研究来说是多么重要，也感受到了钱学森先生对知识汲取的渴望。希望小朋友们能够学习钱学森先生的伟大科学精神，从现在开始做起，刻苦求学、认真细致对待每一项学习活动。

导 学 案

一、计算平均分

从钱学森先生大学时期的成绩总表中，可以发现他在航空工程这门课的成绩尤为突出，两学期平均成绩达到了_____分。【请参考下图两学期成绩，计算出平均分。】

SENIOR M. E. RAILWAY COURSE	1ST. TERM	Power Plants	3	3	89		89	79	85
		Mechanical Laboratory	3	2					90
		Inter. Combustion Engines	2	2	100		100	98	99
		Rly. Mechanical Engrg.	3	3				94	94
		Locomotive & Car Design	7	4			99		99
		Industrial Management	3	2	93		445	98	945
		Steam Turbines	3	3	93		93	97	95
		Electrical Power Plants	3	3	936		561	573	934
		Mech. Engrg. Seminar	3	2					92
		Professional Lectures							
		① Aeronautical Engineering	3	3			89	89	89
	2ND. TERM	Power Plants	3	3	89	1	89	94	92
		Mechanical Laboratory	5	2					93
		Inter. Combustion Engines	2	2	96		96	98	97
		Rly. Mechanical Engrg.	5	3					97
		Locomotive & Car Design	7	4					99
		Railway Administration	2	2					86
		Electric Railway Car Design	2	1½					95
		Automobile Engineering	3	3	95		95	96	96
		Mech. Engrg. Seminar	3	2					90
		Cost Accounting Professional Lectures	3	2					95
		Official Documents	2	1	75		375	30	65
		① Aeronautical Engrg.	3	3			92	89	91

注释：① 航空工程

二、小组合作：从画的一端走到另一端有几米

	步幅(10 步)(米)	步数(步)
第一次		
第二次		
第三次		

总长：_____

_____

_____

中华人民共和国成立前各种政治力量
——上海宋庆龄故居探民主革命事业

上海市南洋中学　朱　天

一、教材分析

本课教材内容选自必修三第一单元《中国共产党的领导》中的第一课《历史和人民的选择》中的第一框《中华人民共和国成立前各种政治力量》。20世纪上半叶,在中国的出路、前途和命运问题上,各种政治力量分别提出自己的方案,进行了激烈的较量。在不同建国方案中,宋庆龄坚决拥护新三民主义,为国共第一次合作做了大量工作。通过带领学生对宋庆龄故居的参观,了解孙中山先生逝世后,宋庆龄坚决执行孙中山先生的三大政策,同中国共产党人紧密合作,与国民党反动派决裂的历史事迹。

二、学情分析

高一学生在必修一《新民主主义革命的胜利》中,了解到中国人民在民族复兴的伟大征程中的历史选择。必修三中的"20世纪上半叶中国出现的三种建国方案"相对较难记忆,通过对宋庆龄故居纪念馆的参观,学生能够身临其境感受到在民主革命时期,孙中山先生和宋庆龄女士对救亡图存进行的探索。通过缅怀这位爱国主义、民主主义、国际主义、共产主义的伟大战士,让学生更理解教学内容,深化爱国主义情感。

三、教学策略与方法

1. 教材内容复习:对于必修一《新民主主义革命的胜利》和必修

三《中华人民共和国成立前各种政治力量》的知识梳理,带领学生在场馆里深入了解这段历史。

2. 新媒体资源运动:提前让学生关注《上海宋庆龄故居纪念馆》公众号,通过创新故居—足迹打卡一栏,进行线上打卡,先行了解场馆资源,引发学生兴趣。

3. 参观前导学案引导:教师提前对场馆进行参观并熟悉路线,引导学生小组合作,搜集史料并完成导学案。

四、教学评价方式

1. 问题链设计:通过在参观过程中导学案的设计,和师生互动环节的问题提问,引导学生总结今天的参观感悟,理解宋庆龄女士对民主革命做出的贡献。

2. 观后感撰写:通过参观结束后学生自主的感悟撰写,评价本节课最终内化给学生的效果。

五、教学设计

【教学目标】

1. 利用博物馆现场情境,能够通过小组协作,共同搜集史料并对观点进行佐证和说明。

2. 运用历史材料和"中华人民共和国成立前各种政治力量"的相关知识和原理,阐述早期爱国主义战士的革命事迹。

3. 结合实际生活,思考和体会青年人在新时代新征程中所要承担的责任和担当。

【教学重难点】

教学重点:宋庆龄女士在民主革命中做出的探索和贡献。

教学难点:新时代下青年人的责任与担当。

【教学资源】

宋庆龄故居纪念馆线下场馆资源。

宋庆龄故居纪念馆线上公众号资源。

【教学过程】

学习内容	教师活动	学生活动	设计意图
环节一 任务布置	1. 回顾课内知识"中华人民共和国成立前各种政治力量" 2. 发布小组合作任务	小组合作,进行场馆参观,搜集史料并完成导学案	通过搜集史料,佐证所学知识
环节二 小组活动	引导学生参观展文物馆,进行历史线索的梳理	思考宋庆龄女士让你印象最深刻的事迹是什么？为什么？	利用博物馆资源,体会宋庆龄女士捍卫民权、抵御侵略和投身解放的革命历程
环节三 师生互动	师生共同梳理宋庆龄女士捍卫民权、抵御侵略和投身解放的革命历程	总结宋庆龄女士为民主革命事业做出的贡献	结合历史材料和课内相关原理,理解爱国主义战士为救亡图存做出的探索
环节四 情感升华	1. 参观宋庆龄女士故居,体会简约雅致的生活情趣 2. 激发青年学子的责任与担当	1. 宋庆龄女士拥有优渥的生活环境,为什么选择投身民主革命？ 2. 在两个百年交汇的新征程上,青年学子能够做些什么？	结合实际生活,思考青年人在两个百年交汇的新征程中所要承担的责任和担当

附:

教 学 详 案

环节一:任务布置

宋庆龄是中华人民共和国名誉主席,她波澜壮阔的一生,与上海是紧密联系在一起的。她出生成长在上海,工作战斗在上海,一生大部分时间也是生活在上海,在上海留下了许多重要的历史足迹。

  这些史迹见证了中国近现代历史的沧桑变化,具有光荣的革命传统和厚重的文化底蕴,展示了宋庆龄这位"上海的女儿"为中国革命和建设,为世界和平与人类进步做出的特殊贡献。今天,我们一起来到宋庆龄故居,体会宋庆龄女士维护国家统一、与中国共产党同心奋斗的家国情怀。

  接下来,20位同学由4人分为一个小组,五组同学分别跟着老师一起参观,并完成导学案。

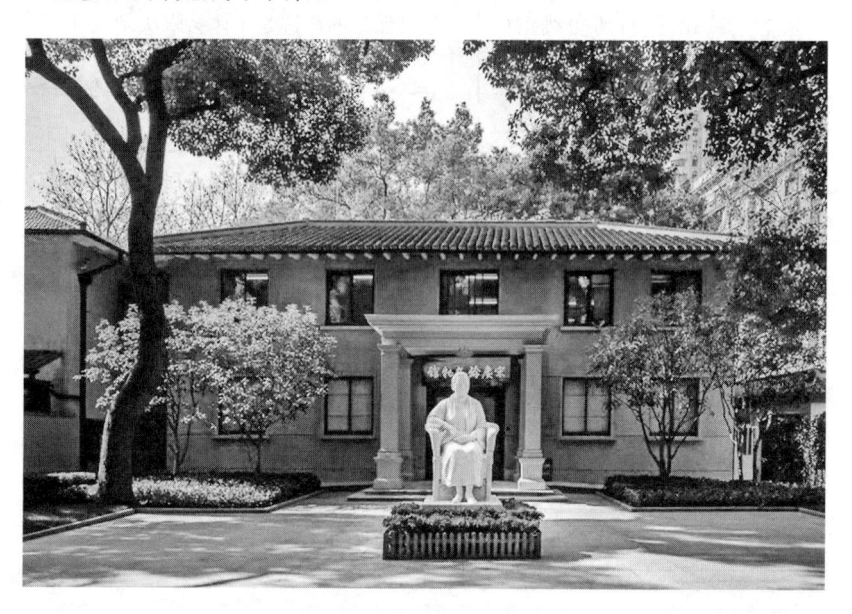

纪念广场

  环节二:参观文物馆,体会宋庆龄女士捍卫民权、抵御侵略和投身解放的革命历程

  孙中山在革命屡遭失败时,俄国十月革命的成功和中国共产党的诞生给他带来了"新的力量源泉"。孙中山"立即看到把力量联合起来的价值",决定与中国共产党合作,"在他的革命的三民主义中加

上了联俄、联共和扶助农工三大政策",并认为这是"保证中国人民的革命斗争取得胜利的唯一道路"。

宋庆龄女士指出,孙中山去世后,"革命运动是在中国共产党——高举彻底解放中国人民的政治纲领的旗帜、能够完成孙中山所未完成的革命事业的唯一政党——领导下进行的。"她时刻牢记孙中山的告诫,中国共产党是"他的真正的革命同志",要"以共产党人为榜样,像共产党人一样地为革命辛勤工作,不怕牺牲"。

中华人民共和国成立后,宋庆龄热情歌颂了新中国的建设和发展,她深情地写道:"我们满怀信心地瞻仰未来,我们确信任何障碍都不能阻止我们前进……把我们的力量放在争取民族独立、民主、社会进步和世界和平的人民一边,这是受过革命锻炼的中国人民已经担当起来的当前责任。中国人民就是用这样的斗争和努力,来纪念中国革命的伟大先驱者孙中山的。"

环节三:参观宋庆龄女士故居,思考宋庆龄女士拥有优渥的生活环境,为什么毅然选择投身民主革命?

文物馆

宋庆龄女士故居

宋庆龄女士故居

环节四：
4. 在两个百年交汇的新征程上，我们青年学子能够为祖国发展做些什么？

导 学 案

活动一：
勿忘：救亡图存的初心
1. 思考宋庆龄女士让你印象最深刻的事迹是什么？为什么？

宋庆龄女士	印象深刻的事迹	原　因

续表

宋庆龄女士	印象深刻的事迹	原　　因

2. 宋庆龄女士为民主革命事业都做了哪些贡献和牺牲?

活动二：
肩负：救国为民的使命
3. 宋庆龄女士拥有优渥的生活环境,为什么毅然选择投身民主革命？

活动三：
传承：青年学子的担当
4. 在两个百年交汇的新征程上,我们青年学子能够为祖国发展做些什么？

永远跟党走　共圆中国梦

上海市南洋初级中学　夏　珍

一、教材分析

本课内容选自道德与法治学科九年级上册第四单元第八课《中国人　中国梦》，在现有教材内容基础上，根据深化课程改革的相关要求，围绕"双新"课程的开展，调整第一框"我们的梦想"和第二框"共圆中国梦"的部分内容，补充上海市宋庆龄故居纪念馆的相关资源，开展教学活动。

二、学情分析

初中阶段的学生正处于世界观、人生观、价值观形成的关键时期，加强对这个年龄段学生的理想信念教育和爱国主义教育尤为重要。九年级学生正处于形象思维向抽象思维过渡的阶段，对国家和社会发展有认识、有感知，对未来社会发展有感性的憧憬和梦想，对个人的发展也有美好的愿望，这是学习的起点。青少年学生结合自己的美好梦想，但对国家和社会的发展思考不多，需要引导他们将个人和国家梦有机结合，将自身形成和国家发展相结合，从而为实现中华民族的伟大复兴中国梦添砖加瓦，贡献力量。

三、教学思路

本课通过自主探访宋庆龄文物馆和主楼、小组成员及其代表进行观点分享、个人制订和分享圆梦计划，3个活动设计完成教学，借用宋馆的文字和实物资源，比如文字介绍、视频资源、图片、实物等，在自主寻访的过程中,了解宋庆龄在中华人民共和国成立前后等不同阶段所做的事情,为后续的问题讨论奠定知识基础;以小组讨论和代表发言的方式,谈谈对宋庆龄在不同阶段所做的贡献中获得的启发,引导学生感受宋庆龄在波澜壮阔历史发展进程中始终坚定信念,和党在一起,为国家发展贡献自己力量的坚定决心和力量,实现情感触动;分享自己制订的圆梦计划,能够结合自己的实际情况,谈谈如何做到坚定不移跟党走,把个人梦和国家梦有机结合、将自身的成长和祖国的发展相结合。以宋庆龄真实的一生来激励学生,让学生真切地感受到自己所肩负的责任与使命,从而自觉将个人价值的实现与国家的发展进步结合起来,永远和党在一起,共圆中国梦。

四、教学策略与方法

活动一(是什么):自主探访宋庆龄文物馆和主楼:了解宋庆龄在中华人民共和国成立前后等不同阶段所做的事情。

活动二(为什么):小组成员及其代表进行观点分享:谈谈对宋庆龄在不同阶段所做的贡献中获得的启发。

活动三(怎么办):分享为自己制订的圆梦计划:结合自己的实际情况,谈谈如何做到坚定不移跟党走,把个人梦和国家梦有机结合、将自身的成长和祖国的发展相结合。

五、教学评价方式与方法

1. 能够找到相应的文字和实物材料,并且进行简要概况,文字简洁,表达流畅。
2. 在演讲过程中,声音洪亮,情感真实,价值观正确。
3. 积极参与整个活动过程,主动表达自己的观点。

教 学 设 计

【教学目标】

了解宋庆龄在中华人民共和国成立前后等不同阶段所做的事情,感受宋庆龄在波澜壮阔历史发展进程中始终坚定信念,和党在一起,为国家发展贡献自己力量的坚定决心和力量,坚定为实现中华民族伟大复兴而奋斗的信念,懂得青少年所担负的时代责任与历史使命,坚持党的领导,做自信中国人。

【教学重难点】

教学重点:坚定为实现中华民族伟大复兴而奋斗的信念,懂得青少年所担负的时代责任与历史使命。

教学难点:坚定不移跟党走,把个人梦和国家梦有机结合、将自身的成长和祖国的发展相结合。

【教学过程】

教学环节	教师活动	学生活动	设计意图	评价方法
新课导入 (5~8 分钟)	结合学习任务单,课前任务 同学们对未来中国有许多美好憧憬 1. 天更蓝,山更绿,水更清 2. 权利更有保障,生活更有尊严 3. 幼有所育,学有所教,劳有所得,病有所医,老有所养,住有所居,弱有所扶 思考:你心目中的未来中国是什么样的?说出来与同学分享	依据自己的经历,回答问题	故事导入,引发学生学习兴趣	是否完成问题,文字表达是否简洁流畅;观点是否真实清晰

续 表

教学环节	教师活动	学生活动	设计意图	评价方法
讲授新课（活动一：20~25分钟 活动二：8~10分钟 活动三：10~15分钟）	活动一（是什么）：自主探访宋庆龄文物馆和主楼，了解宋庆龄在中华人民共和国成立前后等不同阶段所做的事情 阶段一：民主主义革命时期：追随孙中山，致力民主革命 阶段二：新民主主义革命时期：1927年7月宋庆龄撰写的手稿《为抗议违反孙中山的革命原则和政策的声明》…… 阶段三：社会主义革命时期：进行革命的宣传、援助解放区 阶段四：社会主义建设改革时期：继续援助妇女、儿童、外事活动	在宋馆内自主参观，完成学习任务单	通过学生的自主探索，了解基本史实，为后续的问题讨论奠定知识基础	是否能找到相应的文字和实物材料，并且进行简要概况，文字是否简洁，表达流畅
	活动二（为什么）：小组成员及其代表进行观点分享：谈谈对宋庆龄在不同阶段所做的贡献中获得的启发。 观点一：始终坚持信仰，为党工作 观点二：结合自己的实际，在祖国和社会需要的地方，发挥自己的作用 观点三：用行动践行自己的理想，为人民谋福利 学生分享自己的寻访结果，并且用宋馆中的系列资源证明自己的分析	展开讨论，阐述观点	通过对这三个选择的讨论，引导学生感受宋庆龄在波澜壮阔历史发展进程中始终坚定信念，和党在一起，为国家发展贡献自己力量的坚定决心和力量	

续 表

教学环节	教师活动	学生活动	设计意图	评价方法
讲授新课（活动一：20~25分钟 活动二：8~10分钟 活动三：10~15分钟）	阅读感悟： 材料一：2013年，习近平在十二届全国人大一次会议上指出，生活在我们伟大祖国和伟大时代的中国人民，共同享有人生出彩的机会，共同享有梦想成真的机会，共同享有同祖国和时代一起成长与进步的机会。有梦想，有机会，有奋斗，一切美好的东西都能够创造出来 材料二：2022年，习近平在中国共产党第二十届中央委员会第一次全体会议上指出，新征程是充满光荣和梦想的远征。蓝图已经绘就，号角已经吹响。我们要踔厉奋发、勇毅前行，努力创造更加灿烂的明天 思考：从材料中，对于我们青少年的未来的发展与规划，你获得了什么启发？	阅读材料，感悟内容	以宋庆龄真实的一生来激励学生，让学生真切的感受到自己所肩负的责任与使命，从而自觉将个人价值的实现与国家的发展进步结合起来，永远和党在一起，共圆中国梦	是否认真阅读材料，主动表达自己的观点
	活动三（怎么办）：分享为自己制订的圆梦计划：结合自己的实际情况，谈谈如何做到坚定不移跟党走，把个人梦和国家梦有机结合，将自身的成长和祖国的发展相结合	进行个人圆梦计划的制定与分享		声音是否洪亮，情感是否真实，价值观是否正确

续表

教学环节	教师活动	学生活动	设计意图	评价方法
课堂小结（3~5分钟）	全面建成小康社会的梦想已经成真,中华民族伟大复兴的梦想正在实现,中国人自信地走在一条追求梦想、实干兴邦的康庄大道上。宋庆龄用她的一生向我们诠释了永远和党在一起,将个人命运同国家命运紧紧联系起来的真正含义,让我们也为实现中国梦贡献自己的力量。看中国少年,风华正茂,自信昂扬,且到中流击水,与祖国共成长			

教学详案

一、新课导入

纪念广场

师：同学们，今天我们将在宋馆共同学习，希望大家能够在即将开启的宋馆寻访之旅中，有更多的收获。

进门大厅

师：同学们，请结合学习任务单，课前任务谈谈你的理解。

思考：你心目中的未来中国是什么样的？说出来与同学分享。

生1：更加的自由，有更多的选择。

生2：成为一个强大的国家，实现民族复兴。

生3：科技发达，掌握核心技术，不再受制于人。

师：大家分享了各自的观点，我们从沟通分享中，也了解到，大家对于未来中国充满期望，但是，国家独立、没有战争、人人吃饱穿暖，在若干年前，也是一个众人期盼的梦想。今天我们一起来了解宋庆龄的故事，看看他们那一代人，为实现这一梦想做出的努力与奋斗。

二、讲授新课

文物馆门口

师：请大家参加学习任务单的要求，完成活动一的相应内容。自主探访宋庆龄文物馆和主楼，了解宋庆龄在中华人民共和国成立前后等不同阶段所做的事情。

中华人民共和国成立前

生1：阶段一：民主主义革命时期：追随孙中山，致力民主革命。

阶段二：新民主主义革命时期：1927年7月宋庆龄撰写的手稿《为抗议违反孙中山的革命原则和政策的声明》……

生2：阶段三：社会主义革命时期：进行革命的宣传、援助解放区

中华人民共和国成立后

生3：阶段四：社会主义建设改革时期：继续援助妇女、儿童，外事活动。

主楼前

师：请大家参加学习任务单的要求，完成活动二的相应内容。请小组成员先进行小组内的分享发言，选择小组代表，再进行小组代表的观点分享：谈谈对宋庆龄在不同阶段所做的贡献中获得的启发。

生1：始终坚持信仰，为党工作。

生2：结合自己的实际，在祖国和社会需要的地方，发挥自己的作用。

生3：用行动践行自己的理想，为人民谋福利。

学生分享自己的寻访结果，并且用宋馆中的系列资源证明自己的分析。

师：大家分享了自己的寻访结果，并且用宋馆中的系列资源证明自己的分析，非常棒。接下来，请大家看着自己任务单阅读感悟的材料内容，思考：对于我们青少年的未来的发展与规划，你获得了什么启发？

生1：我们应该目光长远，想想自己能做什么事。

生2：做的事情要和大家相关，为社会做贡献。

生3：实现人生价值可能并不简单，哪怕遇到困难也要学会坚持。

师：大家谈到了各自的理解，我认为其中包含了习主席对我们青少年的期望，所以大家能想一想，你将来的人生会是什么样子呢？请

大家完成活动三内容,写一写你的圆梦计划,8分钟后,我们在花园长廊进行分享,谈谈你自己的人生规划是什么,以及在当下应该采取怎样的行动去实现它。

花园长廊

师:同学们,我们现在所在的花园,是宋庆龄休闲、聚会的场所,今天,我们在这里也开始一场关于梦想的分享会,现在,请同学来分享自己的圆梦计划。

学生进行分享。

三、课堂总结

师:听了大家的分享,我很感动,我想今天同学们积极的面貌、激昂的表达、闪光的理想,是送给宋庆龄最美的礼物,你们正是眼中她眼中所希望的未来。一代人有一代人的使命,一代人有一代人的担当,宋庆龄用她的一生向我们诠释了永远和党在一起,将个人命运同国家命运紧紧联系起来的真正含义,让我们为实现未来中国的美好憧憬而努力吧,永远跟党走,我们必将共圆中国梦。

四、作业布置

完成自评,上交学习任务单。

学习任务单

姓名:_____ 班级:_____ 学号:_____

课题	永远跟党走 共圆中国梦
教学目标	了解宋庆龄在中华人民共和国成立前后等不同阶段所做的事情,感受宋庆龄在波澜壮阔历史发展进程中始终坚定信念,和党在一起,为国家发展贡献自己力量的坚定决心和力量,坚定为实现中华民族伟大复兴而奋斗的信念,懂得青少年所担负的时代责任与历史使命,坚持党的领导,做自信中国人

课前任务:运用你的经验
同学们对未来中国有许多美好憧憬
1. 天更蓝,山更绿,水更清

续 表

2. 权利更有保障,生活更有尊严
3. 幼有所育,学有所教,劳有所得,病有所医,老有所养,住有所居,弱有所扶
思考:你心目中的未来中国是什么样的?说出来与同学分享。

课堂任务:
【活动一:自主探访宋庆龄文物馆和主楼】
请分享课前任务:运用你的经验
请自主探访宋庆龄文物馆和主楼,回答下列问题。
了解宋庆龄在新中国成立前后等不同阶段所做的事情,并选择你感兴趣的部分记录下来。(任选其中的2~3个阶段即可)
中华人民共和国成立前
阶段一:民主主义革命时期(1840—1919年):

阶段二:新民主主义革命时期(1919—1949年):

中华人民共和国成立后
阶段三:社会主义革命时期(1949—1956年):
阶段四:社会主义建设改革时期(1956年之后,直至1981年宋庆龄病逝于北京):

【活动二:小组成员及其代表进行观点分享】
1. 我的观点:

2. 其他小组的观点:

3. 其他补充:

阅读感悟:
材料一:2013年,习近平在十二届全国人大一次会议上指出,生活在我们伟大祖国和伟大时代的中国人民,共同享有人生出彩的机会,共同享有梦想成真的机会,共同享有同祖国和时代一起成长与进步的机会。有梦想,有机会,有奋斗,一切美好的东西都能够创造出来
材料二:2022年,习近平在中共二十届中央委员会一次会议上指出,新征程是充满光荣和梦想的远征。蓝图已经绘就,号角已经吹响。我们要踔厉奋发、勇毅前行,努力创造更加灿烂的明天
思考:从材料中,对于我们青少年的未来的发展与规划,你获得了什么启发?

续 表

【活动三:分享为自己制订的圆梦计划】
我希望我的未来能够成为_____,为了实现它,我打算_____
_____

【我给自己打打分】
活动一:自主探访宋庆龄文物馆和主楼　完成度☆☆☆☆☆
活动二:小组成员及其代表进行观点分享　完成度☆☆☆☆☆
活动三:分享为自己制订的圆梦计划　完成度☆☆☆☆☆
综合评价☆☆☆☆☆

手泽如新,往事如诉
——上海宋庆龄故居纪念馆教学设计
上海市南洋初级中学　蔡亚明

【内容主旨】

本课以宋庆龄的人生经历为线索,结合上海宋庆龄故居纪念馆馆藏资源,通过讲述宋庆龄求学历程、捍卫民权、抵抗侵略、投身解放的革命历程,感悟宋庆龄的家国情怀、高尚品格和革命精神。

【教学目标】

知道宋庆龄的人生经历;通过对宋庆龄故居纪念馆馆藏资源的解析,初步掌握在特定时空背景下认识历史的方法与能力;感悟宋庆龄的家国情怀、高尚品格和革命精神。

【重点难点】

重点：宋庆龄的人生经历;宋庆龄的个人命运与国家命运。

难点：宋庆龄的家国情怀、高尚品格和革命精神。

【教学流程】

环节一：民主共和的曙光

出示"1907年宋庆龄赴美国留学护照"和《二十世纪最伟大的事件》(节选),请学生说一说20世纪初中国的局面,"最伟大的事件"是指哪个事件？该事件有何意义？

一个民族的人口占世界总人口的四分之一,国土广袤居世界首位,文化光辉灿烂,她在推动人类向上的事业中不可能不具有影响

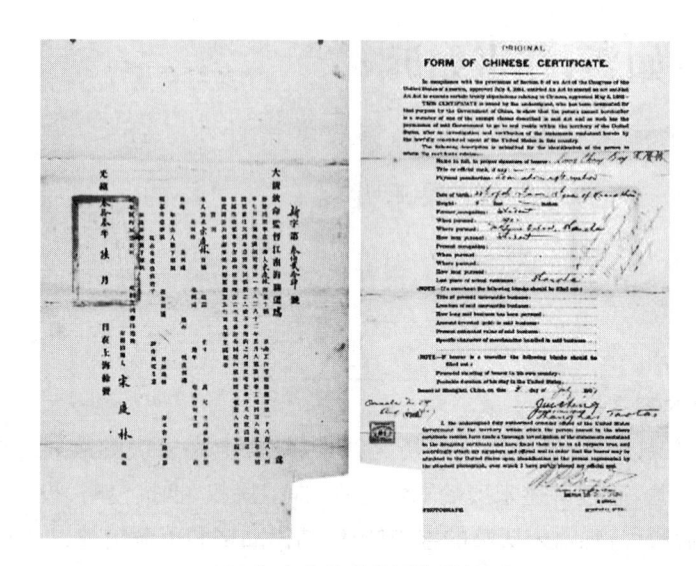

1907年宋庆龄赴美国留学护照

1912年4月，宋庆龄在威斯里安女子学院校刊发表的
《二十世纪最伟大的事件》一文

力……中国以它众多的人口和对和平的热爱——真正的本质意义上的热爱——将作为和平的化身站出来。

——《二十世纪最伟大的事件》(节选)

教师引导学生回答：20世纪初的中国在清政府的统治下，处于半殖民地半封建社会的深渊，积贫积弱、内忧外患。辛亥革命推翻了清王朝的反动统治，宣告了中国2 000多年君主专制制度的终结。它开创了完全意义上的近代民族民主革命，极大地推动了中华民族的思想解放，打开了中国进步潮流的闸门。从宋庆龄写下的《二十世纪最伟大的事件》选段中，可以看出宋庆龄对祖国的独立、富强、民主和自由充满憧憬，民主共和的思想在她心底萌芽。

过渡：辛亥革命的胜利让宋庆龄看到了民主共和的曙光。怀着报效祖国的理想，大学一毕业，她就来到革命党人流亡聚集的日本东京，参加了孙中山领导的民主革命运动，从此开始了她长达近70年的革命生涯。

环节二：宋庆龄与孙中山的牵手岁月

出示宋庆龄写给妹妹宋美龄的书信、孙中山与宋庆龄结婚照、黄埔军校开学典礼照，请学生说一说黄埔军校是什么时候建立的？有怎样的历史意义？宋庆龄为中国革命做了哪些贡献？

孙中山与宋庆龄结婚照　　1924年6月，孙中山和宋庆龄在黄埔军校开学典礼的主席台上

"我从来没有这样快活过。我想,这类事情是我从小姑娘的时候起就想做的。我真的接近了革命运动的中心。""我能帮助中国,我也能帮助孙博士。他需要我。"

——1914年11月宋庆龄写给妹妹宋美龄的书信

教师引导学生回答:黄埔军校是在1924年5月创办的,黄埔军校培养出大批军事和政治人才,为国民革命军的建立和随后的北伐战争做了准备。孙中山与宋庆龄是战友、是同志,也是伴侣。宋庆龄帮助孙中山完成《建国方略》,是孙中山的得力助手;宋庆龄追随孙中山南征北战,讨袁反段,护国护法;在"五四运动"中,宋庆龄与孙中山并肩作战,接见学生代表,支持爱国学生运动;1922年陈炯明叛变革命,宋庆龄对孙中山先生说:"中国可以没有我,不可以没有你",坚持先送孙中山先生撤离险境……

1932年,淞沪抗战期间,宋庆龄在真如前线慰问抗战将士时在残垣断壁前留影

过渡:孙中山先生病逝后,宋庆龄肩负起继承孙中山遗志、捍卫新三民主义和执行三大政策的重大使命。

环节三:中国是不可征服的

出示以下3幅图片及《中国是不可征服的》,思考宋庆龄为抗战做出的贡献有哪些?

我坚决相信,中国不但能够抵抗日本的任何侵略,并且能够而且必须准备收复失地。中国最大的力量在于中国人民大众已经觉醒起来了。

——1937年宋庆龄文稿《中国是不可征服的》

教师引导学生回答:宋庆龄为坚持抗战大声疾呼"争取抗

《起来——新中国之歌》　　　　　1943年年报《在中国游击区》

战胜利必须实行民主,发扬民气,搞专制和独裁是一定要打败仗的"。痛斥国民党中的顽固派,"有人名为中山先生的忠实信徒,实则是中山先生的叛徒,倘若先生泉下有知,也会谴责这帮不肖之徒的!"宋庆龄在重庆重建保卫中国同盟,保卫中国同盟1943年年报《在中国游击区》,向各国人民介绍保盟援助的抗日根据地医疗服务、难民救济工作、西北边区的工业合作社、边区的儿童工作以及广州国际医疗服务队,为中国抗战争取国际援助。

过渡:随着抗日战争的胜利,中华人民共和国的成立,宋庆龄感怀道:"孙中山的努力终于结了果实。"

环节四:崭新的中国

出示以下2幅照片及宋庆龄致克劳特夫人信,说一说宋庆龄为新中国诞生所做的贡献有哪些?

我可以告诉你,这里正在发生的一切令人振奋。孙中山先生的所有理想正在被有力地付诸实施。这些理想和其他一些重大的计划一起,使这里成为一个真正的崭新的中国。我们已确立了自己应有的地位,同世界上其他的伟大民族一同前进。

——1951年宋庆龄致克劳特夫人信

总结:宋庆龄坚决走上民主革命的伟大道路,忠实执行"联俄、联

手持《建国大纲》的宋庆龄　　　　为参加中国人民政治协商会议第一届
　　　　　　　　　　　　　　　　　全体会议准备的发言稿

共、扶助农工"三大政策,不遗余力支持抗日救亡运动,为建设新中国不懈努力。宋庆龄是一个有着大爱情怀的人,她一生为国家、为人民,为社会进步、世界和平和人类幸福而不懈奋斗。

【结构板书】

　　　　辛亥革命——民主共和的曙光
　　　　宋庆龄与孙中山的牵手岁月
　　　　中国是不可征服的
　　　　崭新的中国

寻访伟人的足迹，感受语言的力量

上海师大附中附属龙华中学　施丽洁

一、教材分析

本课程内容选自《牛津英语》(上海版)八年级第一学期 U5 Listening Dr. Sun Yat-sen's Mausoleum。根据《义务教育英语课程标准》(2022)，英语课程的学习既是学生通过英语学习和实践活动，逐步掌握英语知识和技能，提高语言实际运用能力的过程，又是他们磨砺意志、陶冶情操、拓宽视野、丰富生活经历、开发思维能力、发展个性和提高人文素养的过程。学生们在教师的指导下，通过感知、体验、实践、参与和合作等方式学习英语，促进语言实际运用能力的提高。英语课外实践活动是有效培养学生语言能力的途径之一。它是课堂教学的继续和延伸、补充和完善、检验和运用。因此补充利用宋庆龄故居历史资源促进学生英语综合能力提高。结合单元话题"人与物的特征"，通过学习"南京中山陵"听力语料以及实地探访"宋庆龄故居"研学活动，从历史、语言、文化等不同角度整合教学资源，立足红色主题构建本课。本课开展赏析、体验、表现等一系列教学活动，挖掘具有爱国主义情怀的实践作品，不断渗透学科德育。

二、学情分析

参与学生均来自初二年级。初二学生在六、七年级教材中已经学习过介绍上海和北京著名景点的阅读语篇，因此对于景点介绍的基本特征并不陌生，但对于听力语篇中有关孙中山先生的生平事迹、文化认同、情感表达以及语篇所承载的红色文化缺乏深度理解与挖掘。

经过初中两年多的英语学习，初二学生已经具备了一定的语言表达能力,也已经尝试制作英语海报、表演英语短剧、录制配音作品等,因此为本课的学习活动和实践活动提供了充分保证。但对于如何理解语篇背后的红色文化内涵并用英语宣传红色历史文化的能力有待加强。因此将学生的英语语言学习与红色文化结合,提高文化自信,加深对红色文化的理解,激发创作激情,努力做到知行合一。

三、教学策略与方法

本课以任务目标为驱动,通过阅读课外拓展资料,完成导学案,感知宋庆龄奶奶的深厚爱国情怀与她卓越的英语语言素养。

通过课前复习,巩固所学"南京中山陵"景点的知识与描述历史文化景点的基本要素,为更好开展研学活动和知识迁移做好准备。

通过走访参观,结合导学案,梳理"宋庆龄故居"的基本信息,包括地址、规模、环境、故居展示陈列内容等,培养学生整理信息、处理信息、归纳总结能力。

通过课堂学习,将已有知识与真实情景结合,用英语完成"宋庆龄故居"文化景点介绍(百科全书词条)和历史人物分析评价。

通过小组分享与交流,促进共享合作,启发探究自主学习意识。

四、教学评价方式或方法

本课以过程性评价为主,结果性评价为辅。通过随时观察、提问及与学生交流,评价反馈学生学习任务情况。教师引导学生运用课堂自我反馈评价单进行自我反思,总结学习收获,发现自己的闪光点与进步。

教 学 设 计

【教学目标】

1. 通过阅读专著《宋庆龄文物故事》,知晓宋奶奶具有的深厚爱国情怀和卓越的英语语言素养。

2. 通过复习"南京中山陵"文化历史景点相关内容,巩固描述历史文化景点的基本要点。

3. 通过场馆参观,了解整理宋庆龄故居的信息,感知宋庆龄奶奶为国所做的贡献以及体现的人文精神。

4. 通过小组合作,以学生喜欢的方式完成有关"宋庆龄故居"历史景点的英语介绍(百科全书词条)和历史名人分析评价。提升英语综合运用能力与自主探究意识。

【教学重难点】

教学重难点:

1. 培养学生整理归纳信息的认知策略。

2. 用英语分析评价历史名人所做贡献以及体现的人文精神。

【教学资源】

1. 导学案。

2. 公众号、视频、各种融媒体支持。

【教学过程】

环　节	教师活动	学生活动	设计意图
课前自学	引导学生自读《宋庆龄文物故事》,重点阅读宋庆龄奶奶用流利英语阐述孙中山先生的伟大革命思想、参与协调中国与他事务的相关文物介绍,了解她为国鞠躬尽瘁的伟大事迹,感受她优秀的英语语言功底能记住1～2个宋庆龄奶奶的文物小故事	阅读书籍 完成学习任务单(导学案)中的相关内容	培养学生运用多种阅读技巧与策略,培养课外阅读兴趣与能力完成学习任务单(导学案),初步形成对宋庆龄奶奶生平事迹的认识,也为之后的参观宋庆龄故居打下扎实基础

续 表

环 节	教师活动	学生活动	设计意图
参观实践	1. 搜集整理宋庆龄故居基本信息(地址、规模、环境、历史背景等) 2. 寻找有关"宋庆龄奶奶的英语写作文物"并完成导学案任务 3. 思考：从宋庆龄英语写作文物中得到了什么启发和收获？	1. 参观宋庆龄故居 2. 完成学习任务单 3. 自主探究历史文化景点与著名人物相关信息	1. 通过任务驱动，引导学生沉浸在宋庆龄故居的"家的记忆，国的情怀"氛围中，感知宋庆龄奶奶为中国革命胜利所做出的突出贡献，为学生创设具有爱国主义情怀的情境 2. 鼓励学生运用阅读技巧与策略，理解宋庆龄奶奶撰写发表的重要文章的大意，并尝试归纳总结要点信息 3. 培养学生自主探究能力以及增强家国情怀
课堂复习（话题引入）	复习 8AU5 Listening Dr. Sun Yat-sen's Mausoleum 的相关内容，巩固介绍历史文化景点的基本步骤与要点	学生自创思维导图，梳理介绍文化景点的要素并思考：如果介绍"宋庆龄故居"需要包含哪些信息与要素？	复习巩固课堂所学历史文化知识，巩固语言认知策略
课堂学习（自主探究）	1. 要求学生通过思维导图或表格等形式介绍"宋庆龄故居"基本情况	学生自创思维导图或表格，梳理宋庆龄故居的基本信息	1. 鼓励学生运用多种方式归纳总结所学信息 2. 鼓励学生用英语表达文化景点基本信息

续 表

环节	教师活动	学生活动	设计意图
课堂学习（自主探究）	2. 展示宋庆龄奶奶发表的英语文章《孙中山——中国人民伟大的革命的儿子》，学生交流其创作背景、文章主题内容、读后感悟等	学生以小组或个人形式，交流宋庆龄发表的英语文章《孙中山——中国人民伟大的革命的儿子》创作背景、文章主题内容、读后感悟等	1. 鼓励学生根据历史文物语料内容进行独立思考，评价相关内容，分析名人观点并说明理由 2. 能在小组合作交流，积极探究，共同完成学习任务 3. 鼓励学生围绕主题表达自己观点并陈述理由
课堂交流与展示	1. 要求学生以小组为单位，用英语写一段"宋庆龄故居"百科全书词条	学生以小组为单位，用英语写一段"宋庆龄故居"百科全书词条	1. 鼓励学生用所学英语表达自我观点与抒发情感表达 2. 再次感知宋奶奶所做的不朽功绩以及为保卫世界和平、促进社会进步和人类进步的不懈奋斗精神
	2. 创设情境：在上海宋庆龄故居文物馆内，陈列着宋庆龄所写的一篇篇文稿，一封封与友人互通的书信，一张张节日问候的卡片，这些文物都让参观者印象深刻。宋庆龄一生与各方通信特别多。鸿雁往来，家国情怀，尤其是她给好友写信时，信尾总会留下祝福的话语。任务要求：今年是宋庆龄奶奶诞辰129周年，请给她写一封祝福信，表达对奶奶的崇敬与想念，记得末尾留下祝福	学生独立完成写给宋奶奶的一封生日祝福信，要求表达对参观故居的感悟以及对她的崇敬与想念，信的末尾留下祝福	

续 表

环 节	教师活动	学生活动	设计意图
课堂延伸	创设情境：在2022年新年来临之际，上海宋庆龄故居纪念馆以宋庆龄写给友人的新年祝福为灵感，在她的亲笔书信中提取英文手迹，结合孙中山的书法，开发了"见字如晤"系列表情包。 任务：请以此活动为灵感，将自己对宋奶奶和孙爷爷的祝福制作成表情包。	学生以自己所喜欢的方式（绘画、视频、书信等）制作系列表情包	1. 巩固课堂所学，厚植爱国主义教育 2. 激发学生学习英语兴趣，鼓励学生尽可能地将实际生活与英语学习融合

附：

教 学 详 案

一、课前活动

老师：同学们，今天我们来到上海市徐汇区宋庆龄故居，上一节特别的英语课。上课之前，我们交流一下大家的读书心得。上个月，大家都认真阅读了《宋庆龄文物故事》，你们觉得哪些文物故事给你们留下了深刻的印象？我们邀请一位同学交流一下读书心得。

学生：我觉得《广州脱险》原稿这个文物故事给我留下了非常深刻的印象，因为这是宋奶奶写的英语原稿，并在《民国日报》上连载。这份原稿详细记录着宋奶奶和孙爷爷遭遇陈炯明叛乱而历经"生离死别"的往事。这次广州蒙难带给宋奶奶的是难以弥合的伤痛，尽管如此，宋奶奶和孙爷爷忠贞无私的爱情在生离死别之后变得更加坚实了。

二、参观实践

老师：请各位同学们进入展示馆，寻找宋庆龄故居的基本信息以及宋奶奶亲笔完成的英语书信或文章，完成学习任务单二。

宋庆龄政论文章《二十世纪最伟大的事件》

宋庆龄为孙中山先生诞辰90周年撰写的文稿
《孙中山——中国人民伟大的革命儿子》

寻访伟人的足迹，感受语言的力量

老师：大家从寻找到的英语原稿文物中，获得了什么启示或感想？

学生：宋奶奶的英语文章写得很好，她把自己对祖国的深厚感情以及对革命胜利的渴望传达给全世界，让世界各国热爱和平的人们都能支持孙爷爷，支持辛亥革命！

三、课堂复习（话题引入）

老师：同学们，你们是否记得课文"Dr. Sun Yat-sen's Mausoleum"，大家对中山陵有多少了解？大家可以使用思维导图或表格形式整理中山陵的基本信息，我们稍后请同学作介绍。

学生：Dr. Sun Yat-sen's Mausoleum is located in Nanjing. It was over 80,000 square meters in size and has a forest and some beautiful buildings around. Dr. Sun Yat-sen was a great pioneer in China's history…

四、课堂学习（自主探究）

老师：接下来请你们讲讲宋庆龄故居的基本信息。

学生：Soong Ching Ling's former residence is located on Middle Huaihai Road in Xuhui District. It is over 4333 square meters in size and consist of gardens and valleys. Soong Ching Ling was also a great woman in China's history…

老师：谢谢这位同学。宋庆龄故居陈列了许多重点文物，尤其是宋奶奶亲笔撰写的英语文稿和书信。这里有一份题为《孙中山——中国人民伟大的革命儿子》的英文手稿，这是宋奶奶1956年纪念孙中山先生诞辰90周年所写的纪念文章。宋奶奶详尽介绍了孙中山的生平和革命业绩。大家读完这份手稿后，有什么感想？

学生：我感受到了孙中山先生在革命斗争中表现出来的坚定性和坚韧性。这也是第一次我能读到伟人的手稿，特别亲切。

学生：孙中山先生既是宋庆龄的导师，也是战友，更是相濡以沫的伴侣。宋奶奶经常说："孙先生逝世得太早，没有完成他伟大的抱负,我要完成他的遗志,这是我应尽的责任。"宋奶奶用她非凡的英语语言功底向全世界人民传达中国革命先锋的伟大精神以及中国人民不屈不挠的战斗精神。

五、课堂交流与展示

老师:接下来,请大家以小组为单位,用英语写一段"宋庆龄故居"百科全书词条。

学生:Soong Ching Ling was a member of Communist Party of China. She was one of the greatest people in China's revolution history…

老师:在上海宋庆龄故居文物馆内,陈列着宋庆龄所写的一篇篇文稿、一封封与友人互通的书信、一张张节日问候的卡片,这些文物都让参观者印象深刻。宋庆龄一生与各方通信特别多。鸿雁往来,家国情怀,尤其是她给好友写信时,信尾总会留下祝福的话语。

任务要求:今年是宋庆龄奶奶诞辰129周年,请给她写一封祝福信,表达对奶奶的崇敬与想念,记得末尾留下祝福。大家完成后,我们会请同学们交流一下。

学生:Dear Granny Soong, I really respect you and what you have done to save China. You will always live in the hearts of Chinese People of all nationalities. I also want to be a great person like you. I will keep working hard to fulfill my dream — To dedicate myself to China's future development.

六、课堂小结

这节课我们走进宋庆龄故居,参观了其中陈列的重要文物,通过解析宋奶奶亲笔撰写的著名文章,了解她本人一生都在为积极推动中国革命以及新中国外交和平事业所做的伟大贡献。这些珍贵的文物承载了宋奶奶关于家的记忆和国的情怀。通过这次研学之旅,我们又离伟人近了一步,也激发了我们的爱国热情。同时,大家也一定深切感受到了语言的魅力与巨大的能量。希望大家在今后的生活中能够活用英语,讲好中国故事,发扬中国精神。

七、课堂延伸

2022年,上海宋庆龄故居纪念馆以宋庆龄写给友人的新年祝福为灵感,在她的亲笔书信中提取英文手迹,结合孙中山的书法,开发了"见字如晤"系列表情包。请以此活动为灵感,将自己对宋奶奶和孙爷爷的祝福制作成表情包。

导学案(学习任务单)

一、初始宋庆龄奶奶

【生卒年月】:

【政治身份】:

【获得的荣誉】:

【学习经历】:

【重大事件及杰出贡献】:

【宋庆龄文物小故事】:

二、参观寻访

1. Find out the basic information of the residence.

The basic information of the residence

location:＿＿＿＿＿＿＿＿＿＿＿＿＿＿＿＿＿＿＿＿＿＿

size:＿＿＿＿＿＿＿＿＿＿＿＿＿＿＿＿＿＿＿＿＿＿＿＿

brief history:＿＿＿＿＿＿＿＿＿＿＿＿＿＿＿＿＿＿＿＿

planning and layout:＿＿＿＿＿＿＿＿＿＿＿＿＿＿＿＿

treasures remained:＿＿＿＿＿＿＿＿＿＿＿＿＿＿＿＿＿

opening hours:＿＿＿＿＿＿＿＿＿＿＿＿＿＿＿＿＿＿＿

entrance fees:＿＿＿＿＿＿＿＿＿＿＿＿＿＿＿＿＿＿＿

2. Find out some information about one of Song Qingling's treasures.

My review on the _____ (name of the treasure)	
Name：	
Type(letters/ articles)：	
Time：	
Purpose：	
History status：	
What I learned from it	

三、温故知新

Dr. Sun Yat-sen's Mausoleum

Definition：_____

location：_____

size：_____

brief history：_____

present status：_____

四、实践与思考

1. Have a brief introduction of "The former residence of Song Qingling".

2. My review on the article "Sun Yat-sen—Great Revolutionary Son of the Chinese People"

background	contents	my comments

五、交流分享

1. Write an encyclopedia entry on "Song Qingling's former residence"

Definition：_____

location：_____

size：_____

brief history：_____

present status：_____

2. Write a letter to Song Qingling to express your gratitude for the great achievements she had done for China and best wishes for her.

Dear Mrs. Song

I am writing this letter to …

Best wish

Yours

XXX

六、课堂延伸

在2022年新年来临之际，上海宋庆龄故居纪念馆以宋庆龄写给友人的新年祝福为灵感，在她的亲笔书信中提取英文手迹，结合孙中山的书法，开发了"见字如晤"系列表情包。

任务：请以此活动为灵感，将自己对宋奶奶和孙爷爷的祝福制作成表情包（emoji/meme/sticker）并和老师同学展示交流。

我们身边的植物
——走进宋庆龄故居

上海市龙苑中学　周　韡

一、教材分析

本课教学内容选自九年义务教育八年级《生命科学》教材第二册第四章《生物的类群》第一节植物。在现有教材内容基础上,根据深化课程改革的相关要求,为深入和落实立德树人根本任务,发展素质教育,让场馆教育真正融入学校教育,补充利用宋庆龄故居的植物资源。结合本单元学习主题,通过与主题相关的植物知识的补充,从植物的形态特征、生长习性、植物文化等不同角度整合教学资源,立足馆校协同构建本课。本课开展辨别、分析、实践、探究、创意等一系列教学活动,挖掘植物背后的文化情怀,探索构建完整的学习圈,让学习走向真实而深刻,开展具有综合实践特征的生命科学教学。在教学材料和教学地点的组织过程中密切关注学生跨学科能力培养的有效渗透,具有分析问题的思维习惯,有参与并解决简单的真实问题的能力。

二、学情分析

本课针对的班级是本校八年级的学生。对于本节课的内容,学生有一种强烈的求知欲,但在整个认知过程中,学生在思维能力方面或多或少存在着一些困难,因为身边植物种类众多,学生很难从中掌握辨识特征。依据教学内容的需要,在引导学生进行自主学习的同时,知识内容的设计与安排尽可能贴近学生生活实际,使学习与学生的直接经验相联系,与丰富的现实生活相结合,让学生感到所思考的问题是熟悉的、常见的,同时又是新奇的、富有挑战性的,以学生为主体,学生共同参与课堂,才能更好地激发他们的求知欲望。每个新问题的提出必然引起学生们进一步探究问题,寻找答案的欲望。

三、教学策略与方法

运用STS(科学(Science)、技术(Technology)、社会(Society))的教学策略,体现科学技术与社会的紧密联系,又要理论与实践相结合,尽可能多地与科学有关的社会生活实践相接触,使学生真正参与到活动中来,鼓励学习者在社会生活的实践中主动地、有预见性地学习有关的科学与技术,并学习如何处理科学技术与特定的社会的相互关系。在STS教育策略中,运用以下启发思想的教育方法:问题探究法、问题讨论法、小组合作法、创作实践法。

四、教学评价方式或方法

(一)自评。由学生根据学生学习评价表,自行评出各项指标的达成度。自评有利于被评学生自己发现问题,从而改进自己的学习状态与成果。

(二)互评。互评范围可在全班或小组内进行。根据评价指标与标准,对组内每个成员进行客观性评价、全面性评价、全程性评价。在评价中要求以鼓励为主,肯定成绩,提出改进意见。

(三)教师评。在学生自评、互评的基础上,教师随时在学生课堂交流中做相应的适时评价。

教 学 设 计

【教学目标】

1. 通过课前的预习,知道宋庆龄故居的10种植物的分类隶属,初步学会分类、比较的方法。

2. 通过课前预习、小组讨论、教师讲解等3种形式,了解宋庆龄故居的10种植物的形态特征,培养学生用生物术语描述各类植物的基本特征。

3. 进行分小组活动,学以致用,学会通过植物叶、花或果实等器官辨认出宋庆龄故居的10种植物,并记录下观察到的植物特征。

4. 了解宋庆龄故居中古树名木的年龄,从而将植物知识和宋庆龄的故事融为一体,进一步增强了直观性、趣味性,对于中小学生学习伟人、增长知识、提高能力、培养科学精神将起到积极促进作用。

5. 通过用宋庆龄故居中的落叶或枯枝制作植物标本作品等活动,激发学生懂得在生活中观察、发现生活的美。

【教学重难点】

(一)重点

1. 知道宋庆龄故居中10种植物的分类隶属和形态特征。
2. 了解古树名木的养护方法。

(二)难点

1. 了解古树名木的养护管理技术。
2. 用宋庆龄故居中的落叶或枯枝制作植物标本作品。

【教学资源】

1. 教具:导学案。
2. 学具:放大镜、镊子、宋庆龄故居地图、玻璃照片相框、胶水、彩色卡纸。

【教学过程】

学习内容	教师活动	学生活动	设计意图
课前活动	1. 带领同学参观宋庆龄故居中的后花园 2. 讲述宋庆龄与樟树的故事	学生聆听并思考,回忆已经学过的植物学知识	引导学生感受宋庆龄故居的植物文化

续 表

学习内容	教师活动	学生活动	设计意图
宋庆龄故居植物介绍	根据预习单了解宋庆龄故居的10种植物当下所具有的特征	学生聆听,速记这些植物当下的形态特征,并了解植物文化	通过快速的复习式的讲解模式,让学生练习速记的能力
宋庆龄故居植物我寻找	根据植物当下所具有的特征,从宋庆龄故居中寻找到它们。活动要求:记录下观察到的特征和发现地点 明确集合时间和地点	学生聆听活动要求,明确学习任务学生与听课老师组队,分组在宋庆龄故居中寻找讲述的10种植物,并相机记录植物的形态特征	充分利用宋庆龄故居植物资源,让学生从教室中走出去,让枯燥乏味的理论知识,与实物相结合,让学生学以致用
宋庆龄故居中古树名木保护我探究	帮助学生梳理宋庆龄故居中的古树名木,讲授古树名木的保护方法	根据不同的植物种类,设计宋庆龄故居古树名木保护方案	通过古树名木保护方案的设计,增强学生们保护环境的意识
宋庆龄故居文创作品我制作	引导学生利用宋庆龄故居中的落叶或枯枝制作植物标本作品来纪念热爱植物的宋庆龄	收集散落在宋庆龄故居中的落叶或枯枝等植物材料制作标本作品	教师给出明确的要求,让学生明确学习任务
课堂小结	教师语言小结	学生交流	分享本堂课的收获
课后分享	将学生制作的宋庆龄纪念品进行展示	学生彼此欣赏制作成品	让学生们通过自己的制作,感受宋庆龄对植物的热爱之情

附：

教 学 详 案

一、课前导入

师：同学们，首先我们一起来参观宋庆龄故居。一边参观一边讲述宋庆龄与樟树的故事。提问：当我们看见身边的植物的时候，你是如何来称呼它们的呢？是高大的树抑或是美丽的花？其实每一种植物都有它的名字，虽然它的国际统一的学名我们读不来，因为它使用的是拉丁文，但是每一种植物都有中文名。之前我们已经讲述过关于植物的许多知识，比如植物的分类、复叶的类型、叶序的类型、花冠的类型等。那么了解了如此多关于植物的知识，如何学以致用，让它们来帮助我们辨认出每一种植物，喊出它们的中文名。今天老师就带着大家一起来认识10种我们身边的植物。

生：学生聆听并思考，回忆已经学过的植物学知识：如植物叶的类型、花冠的类型、花序的类型等。

二、宋庆龄故居植物介绍

师：首先让我们进行本节课的第一项活动——宋庆龄故居植物介绍。课前同学已经都拿到了宋庆龄故居植物我介绍的内容，我要求各位同学利用周末的时间先进行了预习，想必大家已经对这10种植物有了一定的了解。接下来，老师带领同学们快速浏览一下，这10种植物当下所具有的特征。

生：学生在学习单上划出并速记这10种植物当下的形态特征，并了解植物文化。

三、宋庆龄故居植物寻找

师：为什么老师今天只简单给同学们介绍这些植物当下所具有的特征呢？这是为了更好更有效地进行的第二部分活动——宋庆龄故居植物我寻找。知晓了这10种植物当下所具有的特征，我就要麻烦同学们把它们从宋庆龄故居中寻找出来。

生：学生聆听活动要求，明确学习任务。

师：请同学们记住活动要求：1. 请同学们按照小组为单位，在宋庆龄故居中寻找今天课堂介绍的10种植物，并记录下观察到的特征和发现地点。（请利用放大镜和镊子进行观察，使用宋庆龄故居地图记录发现地点）2. 明确集合时间和地点。集合时间：下课前15分钟。集合地点：宋庆龄像前。

生：学生分组在宋庆龄故居中寻找这10种植物，记录寻找到这些植物的地点（可以记录多个地点），并拍摄所具有的植物特征。

四、宋庆龄故居中古树名木保护我探究

师：同学们在刚才找到的植物中有没有发现很多植物的树龄已经很大了，属于古树名木。何为古树名木呢？判断依据是什么？

生：根据自己的知识储备交流。

师：介绍古树名木的判断依据。请同学们梳理在宋庆龄故居中的古树名木，并测量树干直径。

生：根据刚才寻找植物时候所观察到的古树名木，梳理在宋庆龄故居中的古树名木,并测量树干直径。

师:介绍一些古树名木的保护方法,请同学们为宋庆龄故居中的古树名木设计保护方案。

生:根据不同的植物种类,设计宋庆龄故居古树名木保护方案。

五、宋庆龄故居文创作品我制作

师:引导学生利用课后时间,收集宋庆龄故居中的落叶或枯枝制作植物标本作品,来纪念热爱植物的宋庆龄。

生:收集散落在宋庆龄故居中的落叶或枯枝等植物材料制作标本作品

六、课堂小结

师:教师小结。今天我们在宋庆龄故居将我们在课堂上所学到的相关植物知识进行了运用。同学们一定好奇为什么选择在宋庆龄故居展开活动呢?宋庆龄生前十分喜爱花、香樟树等植物,甚至可以说,香樟树陪伴她度过了童年时光,小时候,宋庆龄就以给香樟树浇水、松土为一大乐趣。在她担任国家的重要领导职务时,工作十分繁忙,但在工作之余,仍然经常给庭院中的花浇水,松土,施肥。希望同学们在繁忙的学习之余,可以像宋庆龄一样感受身边的美好。

生:学生交流。分享本堂课的收获。

七、课后分享

师:在课后我们将学生制作的宋庆龄纪念品进行展示。

生:学生彼此欣赏制作的成品。

导 学 案

我们身边的植物——走进宋庆龄故居
学生学习单

班级＿＿＿＿＿＿＿＿＿＿＿＿　　姓名＿＿＿

一、宋庆龄故居植物介绍

1. 香樟

别名:樟、香樟、芳樟、油樟、樟木、乌樟、瑶人柴、栳樟、臭樟。

分类：被子植物门。

形态特征：香樟树形雄伟壮观，四季常绿，树冠开展，枝叶繁茂，浓荫覆地，枝叶秀丽而有香气，是作为行道树、庭荫树、风景林、防风林和隔音林带的优良树种。香樟对氯气、二氧化碳、氟等有毒气体的抗性较强，也是工厂绿化的好材料。

2. 广玉兰

别名：荷花玉兰。

分类：被子植物门。

形态特征：常绿乔木，在原产地高达 30 米。叶厚革质，椭圆形，花白色，有芳香，花期 5～6 月，果期 9～10 月。弱阳性，喜温暖湿润气候，抗污染，不耐碱土。幼苗期颇耐阴。喜温暖、湿润气候。较耐寒，能经受短期的 -19℃ 低温。在肥沃、深厚、湿润而排水良好的酸性或中性土壤中生长良好。根系深广，颇能抗风。病虫害少。生长速度中等，实生苗生长缓慢，10 年后生长逐渐加快。

3. 山茶

别名：薮春、山椿、耐冬、晚山茶、茶花、洋茶、山茶花。

分类：被子植物门。

形态特征：山茶（学名：Camellia japonica L.）：是双子叶植物纲山茶科植物。灌木或小乔木，高 9 米，嫩枝无毛。叶革质，椭圆形，先端略尖，基部阔楔形，上面深绿色，干后发亮，无毛，下面浅绿色。花顶生，红色，无柄。蒴果圆球形，直径 2.5～3 厘米，2～3 室。花期 1～4 月。山茶原产中国。喜温暖、湿润和半阴环境。怕高温，忌烈日。

4. 红枫

别名：紫红鸡爪槭(qī)、红枫树、红叶、小鸡爪槭、红颜枫。

分类：被子植物门。

形态特征：落叶小乔木。树姿开张，小枝细长。树皮光滑，呈灰褐色。单叶交互对生，常丛生于枝顶。叶掌状深裂，裂片 5～9 片，叶缘锐锯齿。春、秋季叶红色,夏季叶紫红色。嫩叶红色,老叶终年紫红色。伞房花序,顶生,杂性花。花期4～5月。翅果,幼时紫红色,成熟时黄棕色,果核球形。

5. 垂丝海棠

别名:垂枝海棠。

分类:被子植物门。

落叶小乔木,高达5米,树冠开展;叶片卵形或椭圆形至长椭卵形,伞房花序,具花4～6朵,花梗细弱下垂,有稀疏柔毛,紫色;萼筒外面无毛;萼片三角卵形,花瓣倒卵形,基部有短爪,粉红色,常在5数以上;果实梨形或倒卵形,略带紫色,成熟很迟,萼片脱落。花期3～4月,果期9～10月。

……

二、宋庆龄故居植物我寻找

要求:在宋庆龄故居中寻找到课上所讲授过的10种植物,并记录你的发现地点和观察到的特征。

序号	植物名称	记录你观察到的特征	发现地点
1	香樟		
2	广玉兰		
3	山茶		
4	红枫		
5	垂丝海棠		
……			

宋庆龄故居地图(根据地图,标注发现地点)。

附：地图

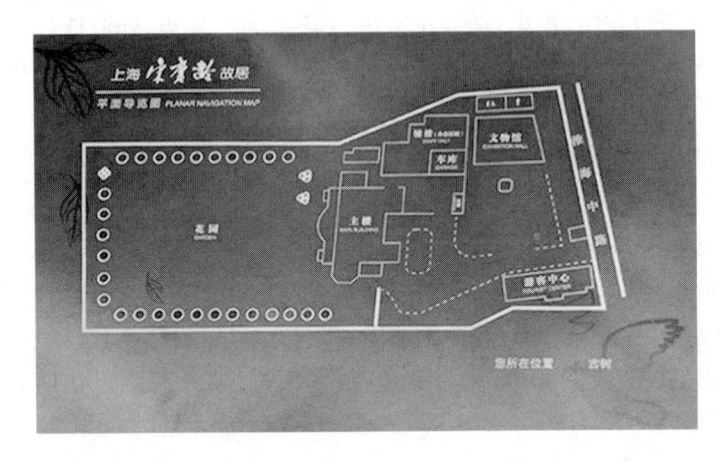

三、宋庆龄故居古树名木统计表

序　号	植物名称	树　龄	树干直径
1			
2			
3			
4			
5			
……			

设计保护方案：

四、宋庆龄故居文创作品我制作

大自然"老师"

上海市徐汇区龙华小学　钱　菁

一、教材分析

本课教学内容选自上海科技教育出版社《自然》（科教版）教材第五册第五单元《生物的启示》的第三课时《大自然"老师"》。在现有教材内容基础上，根据深化课程改革的相关要求，围绕"双新"课程的开展，补充利用宋庆龄故居纪念馆的科技资源。结合单元主题，通过与主题相关的其他科学知识的补充，从内容等不同角度整合教学资源，立足红色主题构建本课。蔚蓝的地球是人类与动物、植物、微生物、其他生物的共同家园。我们要尊重自然、顺应自然、保护自然，构建人与自然和谐共生的地球家园。本课开展阅读、体验、观察等一系列教学活动，挖掘具有爱国主义情怀的科学内容，探索红色科技的魅力，结合校史校情，开展具有综合实践特征的科技教学。在教学材料和教学地点的组织过程中密切关注学科德育的有效渗透，为自然课程的深入实施提供支持。

二、学情分析

本课针对的班级是本校拓展研究型课程《绿野仙踪》的三年级学生。这些学生喜爱观察身边的动植物，但又不知道如何系统观察和了解，还有基本的绘画能力，为本课的学习活动和实践活动提供了较好的保证。但对于如何找到大自然"老师"，如何向大自然"老师"学习，大自然究竟与人类有何密切的关系，还有待老师的指导、引领。学生通过课堂教学与红色教育结合的科技教学，提高热爱祖国与对科技学习的激情，懂得爱护生命、敬畏自然。

三、教学策略与方法

本课活动通过两个活动而开展。活动一,参观宋庆龄故居,感受大自然与人类的关系。活动二,通过向大自然"老师"学习,设计一个仿生机器人,懂得爱护生命、敬畏自然。

四、教学评价方式或方法

学生、同伴、教师根据活动评价单各项内容,分别给予学生相应☆数。

附:

《大自然"老师"》评价单

序号	评价内容	自我评价	同伴评价	教师评价
1	参观考察,认真倾听	☆	☆	☆
2	合作设计,爱护生命	☆	☆	☆
3	尊重他人,乐于分享	☆	☆	☆

总星数_____

教 学 设 计

【教学目标】

《自然》(科教版)的第一至第四单元的探究要求都是探究生物的结构与功能,分别对植物、动物的结构与功能关系进行了探究。第五单元《生物的启示》是第一至第四单元的延续和提升。在前几个单元的基础上,引导学生探究生物的结构与功能对人的启示。《大自然"老师"》是第五单元《生物的启示》的第三课时。本课的目的是让学生对生物奇特本领的关注,了解身边的各种仿生物品,并引发学生对未来仿生器材的设想。

1. 通过观察和交流生活中的一些仿生物品,体会仿生学不仅涉及面广泛,应用领域也很广泛。

2. 通过参观宋庆龄故居,感受大自然与人类的关系。

3. 通过仿生机器人的设计,提高想象力和综合创造能力。

4. 感受自然界生物的神奇,认识到自然界有许多值得人类学习和借鉴的地方。

【教学重难点】

本课的教学重点是了解仿生学的广泛应用。

本课的教学难点是设计仿生机器人。

【教学资源】

1. 宋庆龄故居的简介视频、图片、影像资料。

2. 生物及相应仿生物品的图片。

3. 活动作业单、画笔、橡皮等。

【教学过程】

学习内容	教师活动	学生活动	设计意图
参观宋庆龄故居	1. 要求:文明参观,认真聆听,不随意碰触物品和植物 2. 安全:参观学习时,停下后再讲述,不能边走边说	1. 聆听:聆听宋庆龄简介 2. 了解:宋庆龄与其丈夫孙中山的故事 3. 参观:宋庆龄故居及其花园,近距离认识百年古树	通过参观宋庆龄故居,感受大自然与人类的关系 感受民族自豪感
探讨仿生物品	1. 引导:学生体会这组人造物主要是从生物的外部形态进行模仿的 2. 仿生主要是从形态、结构、行为等方面进行模仿,以实现一定的功能	1. 观察:图中物品分别对应了哪种生物?人们从中得到了什么启示? 2. 讨论:这些物品分别模仿了相对应生物的哪些方面? 3. 小结:这种人造物对生物的模仿就是仿生	通过观察和交流生活中的一些仿生物品,体会仿生学不仅涉及面广泛,应用领域也很广泛

续 表

学习内容	教师活动	学生活动	设计意图
探讨仿生物品		4. 交流：更多的仿生事例 5. 小结：人们从大自然多彩的生物上学习了很多巧妙的"本领"	
设计仿生机器人	1. 可以对学生加以提示：可以组合多重生物的特点和独特本领，比如为了让机器人的鼻子灵敏，可以模拟狗鼻子，这样可以用来侦查等 2. 必须在小组充分讨论的基础上让学生完成机器人的设计	1. 任务：宋庆龄故居里绿意盎然，无论春夏秋冬开窗就能看到绿色。一定非常开心自在。但是这么大的屋子和花园，住在这里的人一定也会遇到很多问题。你们觉得可能会遇到什么问题呢？哪些生物能帮忙解决这个问题？（如爬到屋顶整理落叶，擦白墙，陪伴主人……） 2. 设计：仿生机器人 3. 展示交流：仿生机器人	通过仿生机器人的设计，提高想象力和综合创造能力
课堂小结	教师语言小结		

附：

教 学 详 案

一、参观宋庆龄故居

1. 导学一：今天老师带领大家一起来到一位已故的老奶奶的家。谁知道这位老奶奶是谁？（宋庆龄）在这位老奶奶身上会发生点什么故事呢？这位老奶奶的丈夫又是谁？（孙中山）大家请认真看，仔细听，比比谁记住的多。

2. 聆听：宋庆龄故居的影音资料。

3. 导学二：阅读导学单第一部分，我们将带着问题走一走看一看宋庆龄奶奶的房子和花园。一起找找在宋奶奶家里会藏着哪些宝贝？在参观前，大家思考一下，我们参观别人家，需要注意哪些细节？怎么做才是有礼貌的行为？（参观学习听讲解时不走路、不插嘴；不随意触摸任何物品）

4. 参观：宋庆龄故居及其花园，近距离认识百年古树。

5. 交流：所见所闻所思所想。

6. 记录：完成导学单（活动作业单）。

【评析】 通过学生聆听、参观宋庆龄故居，了解宋庆龄、孙中山有关资料，丰富了学生红色历史的了解，同时体会到人与自然是息息相关、密不可分的。

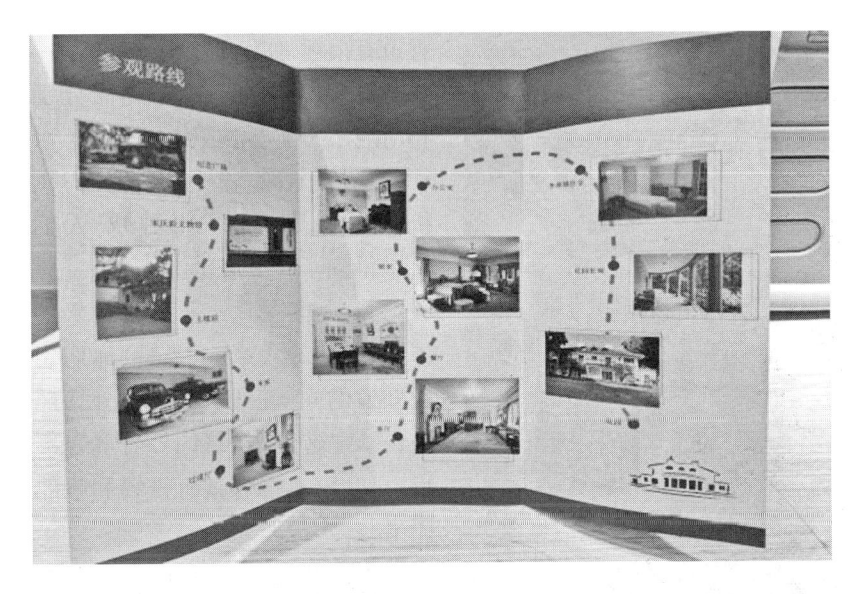

二、探讨仿生物品

1. 过渡：宋奶奶生活在充满了鸟语花香的居所里，心中一定很开心。你们刚才有没有发现屋子旁的落水管（出示图片），思考房屋周围为什么会有这些落水管？我们还能在哪些地方发现这些管道？如果

管道有损坏,如何维修更方便?

2. 观察图片:图中物品分别相对应了哪种生物(出示图片落水管——竹子;伞——蘑菇、荷叶;飞机——鸟;脚蹼——青蛙)?人们从中得到了什么启示?

3. 观察图片:宋庆龄奶奶的屋子像什么?(像一艘船)你们怎么知道的?(设计上因为是外籍船主设计建造的,建筑的外轮廓是船形,百叶窗上也雕刻有铁锚和帆船图案。)

大家知道造房子和造船有和共同点吗?(牢固、安全第一)

思考这些生物有什么特点(出示图片动物骨架——船龙骨;蜻蜓——直升机;枯叶蝶、竹节虫——迷彩服;蝙蝠——雷达)?人们从中得到了什么启示?

4. 小结:船的龙骨模仿了脊椎动物的骨架(结构),直升机模仿了蜻蜓(结构),迷彩服模仿了枯叶蝶(形态),雷达模仿了蝙蝠(结构)。这种人造物对生物的模仿就是仿生。人们从大自然多彩的生物身上学习了很多巧妙的"本领"。

【评析】 这一环节,学生通过对仿生的探究,体会大自然的神奇,认识到生物有许多值得人们学习和借鉴的地方。

三、设计仿生机器人

1. 提出任务:宋庆龄故居里绿意盎然,无论春夏秋冬开窗就能看到绿色,住在里面开心自在。但是这么大的屋子和花园,住在这里一定也会遇到很多问题。你们觉得可能会遇到什么问题呢?今天我们设计仿生机器人,帮忙解决这些问题?(提示,帮助寻找物品、侦查、爬到屋顶整理落叶、擦白墙、陪伴主人……)

2. 分组讨论和思考：讨论问题和解决策略，思考可以模仿哪些生物。

3. 分组设计与撰写：在导学单第二部分画出自己设计的仿生机器人，撰写仿生机器人的功能。

4. 交流设计：每组派代表交流各自设计图。

【评析】 这一环节，在学生认识了几种仿生物品后自己设计仿生机器人，一方面激发了学生的学习欲望；另一方面通过设计活动，加深了学生对仿生学的了解，同时培养了学生的合作意识和能力。

四、课堂小结

1. 交流：学习参观和体会。

2. 小结：蔚蓝的地球是人类与动物、植物、微生物、其他生物的共同家园。人与自然应和谐共生。我们要尊重自然、顺应自然、保护自然，构建人与自然和谐共生的地球家园。

导 学 案

（活动作业单）

小组号＿＿＿＿＿ 组长＿＿＿＿＿ 组员＿＿＿＿＿＿＿＿＿

一、宋庆龄故居

认真有序观看视频、参观宋庆龄故居，完成以下内容：

1. 上海宋庆龄故居有几层？（　　）
   A. 1层　　　　B. 2层　　　　C. 3层
2. 上海宋庆龄故居主题是什么颜色的？（　　）

   A. 白色　　　　B. 黑色　　　　C. 绿色
3. 上海宋庆龄故居建筑像什么？（　　）
   A. 汽车　　　　B. 船　　　　　C. 蘑菇
4. 宋奶奶的丈夫叫什么名字？（　　）
   A. 毛泽东　　　B. 孙中山　　　C. 周恩来
5. 植树节是为了纪念宋奶奶丈夫的生日，你知道是哪天吗？（　　）
   A. 3月5日　　　B. 3月12日
6. 在宋庆龄故居的花园内能找到很多漂亮和珍贵的植物，其中有些植物的年龄已经上百年啦，我们要加倍爱护它们。你知道它们的名字吗？（　　）
   A. 香樟　　　　B. 蜡梅
7. 在宋庆龄故居及花园内，我发现的"宝贝"有＿＿＿＿＿＿＿＿

＿＿＿＿＿＿＿＿。

二、向大自然"老师"学习，合作设计仿生机器人

我们设计的仿生机器人是向＿＿＿＿＿＿＿＿学到的本领。

设 计 图	它 的 本 领

三、评价单

《大自然"老师"》评价单

序　号	评 价 内 容	自我评价	同伴评价	教师评价
1	参观考察，认真倾听	☆	☆	☆
2	合作设计，爱护生命	☆	☆	☆
3	尊重他人，乐于分享	☆	☆	☆

总星数＿＿＿＿＿＿

走进宋庆龄故居

上海市教科院实验小学　余幸璐

一、教材分析

本课教学内容选自上海市书画版美术教材五年级第一学期第8单元《参观上海博物馆》和五年级第二学期第9单元《身边的美术馆》，在现有教材内容基础上，根据深化课程改革的相关要求，围绕"双减"政策的开展，补充利用宋庆龄故居纪念馆的美术资源。上海宋庆龄故居是上海市爱国主义教育基地，是被中华人民共和国国务院公布为第五批全国重点文物保护单位。指引学生进行有目的地参观，积累宝贵的艺术知识财富，体验和感悟中国文化，提高审美能力。充分利用场馆资源进行美术教育，引导学生欣赏，在教学材料和教学地点的组织过程中密切关注学科德育的有效渗透，提高学生的美术素养、提升文化品质，学生在欣赏的过程中享受艺术之美。

二、学情分析

本课是教材欣赏课中进入艺术场馆参观的第一课，随着社会资源的对外开放，通过学校的社会实践等活动，五年级学生进入各类场馆参观的机会非常多。但对艺术作品的文化认同、情感表达以及艺术作品与民族精神的融合缺乏深度的理解。同时，这一年龄的学生对新知、对直观的实物有着强烈的好奇心。但是，他们在参观时容易盲目性、走马观花，因此，利用教材内容，通过游戏的形式，让学生会参观、会搜集、整理信息，学会欣赏艺术作品。

三、教学策略与方法

1. 分组合作学习：进入场馆，分小组进行学习活动。培养学生相互合作的精神，提高课堂教学效益。

2. 现场参观：参观宋庆龄故居，通过讲解员的介绍与解说了解陈列品的相关资料。通过专业讲解员的介绍，学生边看边听，具有直观感受，更好地吸收知识。

3. 寻宝游戏：以游戏的形式，激发学生学习的兴趣，从陈列品的造型、艺术价值等方面引导学生参观艺术品，在任务驱动下，学生带着问题进行参观，主动获取知识，培养学生自主学习的能力。

4. 交流展示：参观后，学生用各种形式交流自己的参观感受，体验艺术欣赏活动的愉悦。

四、教学评价方式或方法

1. 用自己所喜欢的方式进行参观记录：通过这种评价方式可以直观的了解学生的参观情况，同时创设了更加自由自主的学习环境，有利于学生开展自主探究。

2. 合作学习：通过小组合作的学习形式，可以运用好"同伴"这一学习资源补充学习收获，提升个人认知，同时提升学生的团队合作能力。

3. 寻宝任务单：通过学生完成的"寻宝任务单"，学生可以互相交流本堂课的学习收获，便于课后跟进巩固学习成果。

评价标准

能够找到相应的文字和实物材料，并且进行简要概况，文字简洁，表达流畅	☆☆☆☆☆
整个活动过程积极参与，文明参观，主动表达自己的观点	☆☆☆☆☆

教 学 设 计

【教学目标】

1. 知识与技能：知道宋庆龄故居是全国重点文物保护单位以及相关历史文化。

2. 过程与方法：学生通过搜集资料、现场参观、小组讨论交流，了解宋庆龄故居的各个板块。运用国宝探秘的游戏形式，现场记录馆中的艺术品，了解陈列品的艺术价值。

3. 情感态度与价值观：学生在欣赏活动中宋庆龄先生伟大的一生，为革命不屈的斗争精神，增强爱国热情。

【教学重难点】

1. 重点：现场参观、记录，完成活动任务单。

2. 难点：了解馆内的陈列品艺术价值。

【教学过程】

学习内容	教师活动	学生活动	设计意图
一、课前活动	1. 讲讲有关宋庆龄的小故事 2. 引导学生了解宋庆龄故居的由来	1. 通过已有的知识介绍宋庆龄人物生平 2. 查阅、搜集资料，初步了解宋庆龄故居的地理位置和大事记	引导学生去自主了解宋庆龄故居的主人——宋庆龄先生的人物生平。激发对纪念馆内展物的学习兴趣
二、主要板块（景点）介绍	1. 文博馆 2. 主楼 3. 辅楼 4. 花园	学生听讲，做好相应记录	通过讲解介绍，学生能够认真参观，能迅速找到板块处于的位置寻找宝藏

续 表

学习内容	教师活动	学生活动	设计意图
三、探秘游戏	（一）探秘游戏前准备 1. 教师讲述游戏规则 根据展馆内容分为4个寻宝队，学生随机抽取自己的寻宝小队 每个小队都有1个寻宝任务，并附有3个线索 按照线索，展开寻宝行动，找到宝藏并填写完成寻宝任务单 最快找到宝藏并完成任务单的小队可以获得奖章 2. 提供寻宝线索 线索一：宋庆龄故居的分布图 线索二：陈列物品局部的照片 线索三：陈列物品文字描述 （二）学生进入纪念馆进行探秘游戏 学生了解游戏内容并组合寻宝小队 教师分发寻宝任务单，分为4个内容	1. 学生根据任务单进行参观练习。边参观边寻找陈列物的位置，并用简单的语句描述陈列物 2. 了解所在板块发生的重要事件	运用国宝探秘的游戏形式，现场记录纪念馆中的陈列品，了解陈列品的历史意义和价值
四、交流与展示	小组交流任务单的学习结果，比一比哪一组记录得最详细	学生分组交流分享寻得陈列物的学习单，推选最佳导览员	学生在参观欣赏的活动中了解宋庆龄先生为了中华民族革命的艰辛，增强民族自豪感和爱国热情

续表

学习内容	教师活动	学生活动	设计意图
五、欣赏与拓展	视频出示其他城市的宋庆龄故居	了解宋庆龄先生在不同的住处所取得的成就与贡献	更全面了解宋庆龄先生为中国革命事业做出的贡献

附：

教学详案

课前活动

带着问题了解宋庆龄的人物生平。

活动序号和活动名称	活动：走近宋庆龄先生
活动目标	初步了解宋庆龄故居的地址方位信息、展览安排时间的查询方法
活动任务	1. 情境引入，提出问题 2. 浏览网站，了解相关网页内容 3. 揭示课题
关键问题	关于宋庆龄，你有什么了解？
活动资源	多媒体、课件
活动要求	积极思考，主动表达看法
活动评价	即时点评
活动说明	激发学生的入馆学习兴趣

一、新课导入

地点：宋庆龄故居纪念广场

师：同学们，大家知道在我们面前的这塑雕像是哪位伟人吗？

生：宋庆龄奶奶。

师：通过上节课老师让大家课后搜集查阅的资料，你对宋庆龄奶奶有什么了解吗？

生1：在语文课文中我们曾经学到过宋庆龄奶奶是一个特别守信用的人。

生2：宋庆龄是中华人民共和国名誉主席，伟大的革命先行者孙中山先生的夫人。她是中华人民共和国的缔造者之一，被誉为国之瑰宝，20世纪的伟大女性。

师：同学们，现在我们所在的是故居的纪念广场，雕像体现出宋庆龄奶奶高贵典雅又不失和蔼可亲。原本这里是一个小花园，如今，广场与宋庆龄雕像一起组成一个纪念区域，供人民在这里举行各类纪念活动。今天我们将在这里共同学习，希望大家能够在即将开启的宋庆龄故居的寻宝探秘之旅中，有更多的收获。

二、新授

地点：游客中心前面的地图。

师：参观宋庆龄故居有什么意义？

生1：更全面地了解宋庆龄奶奶的一生，以及她为国家所做的贡献。

生2：提高我们的艺术欣赏能力，同时增强我们的爱国意识。

生3：走进伟人曾经居住过的地方，让我也可以了解到伟人平时的生活是怎样的？

师：宋庆龄奶奶从1948年到1963年，她都在这里工作、生活达15年之久。在我们身边的是宋庆龄故居的地图，红点代表我们现在所在的位置。大家可以清晰地看到宋庆龄奶奶的故居的全景结构，基本由花园、主楼、辅楼、文博馆等几大板块组成。

（一）探秘游戏规则

现在每个人手上都有一张"寻宝任务单"，但是每个人的任务单中陈列物的地点和图片是不一样的，请大家现在找的与你任务单中地点图片一样的小伙伴，组成小组找到故居里的"宝物"吧。

（二）观察与体验

小组交流任务单的学习结果，比一比哪一组记录得最详细。

三、探究与体验

1. 学生根据地图"寻宝"并记录归纳。

2. 学生根据任务单进行参观练习。边参观边寻找陈列物的位置,并用简单的语句描述陈列物。

3. 了解所在板块发生的重要事件。

四、展示与评价

(一)交流展示

我是小小导览员。

小组交流任务单的学习结果,比一比哪一组记录得最符合要求。推选最佳导览员。

(二)评价标准

能够找到相应的文字和实物材料,并且进行简要概况,文字简洁,表达流畅	☆☆☆☆☆
整个活动过程积极参与,文明参观,主动表达自己的观点	☆☆☆☆☆

五、教师总结

师:通过这节课你有什么收获?

生:走进宋庆龄奶奶曾经住过的地方,体验她的日常生活,让我感受到她的一生平凡又伟大。

六、课后拓展

今天我们从感受文明观展的乐趣走进了宋庆龄奶奶的生活,其实啊,宋庆龄奶奶的故居不仅只有上海一处。除了今天我们所参观的,在其他城市也有她的踪迹,分别坐落于北京西城区后海北沿46号,武汉黎黄陂路口沿江大道161—162号,重庆渝中区两路口新村5号。我们可以在假期里通过云游的方式,继续走近宋庆龄先生,感受她独特女性魅力以及她简约雅致的生活。(播放相关视频)

导 学 案

寻宝任务单

宝藏线索

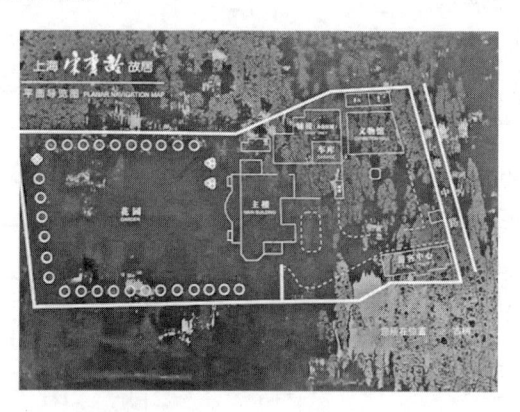

陈列物地点：辅楼车库

陈列物局部：

陈列物关键词描述：周恩来总理赠予

　　寻宝收获

- 我们找到"宝藏"了，是＿＿＿＿＿＿＿＿＿＿＿＿＿＿＿
- 宝藏简介＿＿＿＿＿＿＿＿＿＿＿＿＿＿＿＿＿＿＿＿
＿＿＿＿＿＿＿＿＿＿＿＿＿＿＿＿＿＿＿＿＿＿＿＿＿
- 宝藏特点与价值＿＿＿＿＿＿＿＿＿＿＿＿＿＿＿＿＿
＿＿＿＿＿＿＿＿＿＿＿＿＿＿＿＿＿＿＿＿＿＿＿＿＿

民国初年的社会与政局

上海市南洋中学　刘　晖

一、教材分析

本课内容为华东师范大学版高中历史第五分册第19课"民国初年的社会与政局"。居于"中国民主革命的转折"这一单元第一课，展现民国初年的时代特征，为此后民主革命的转折铺垫新旧交呈的变化基底。

本课共三目：社会习俗变化，二次革命与护国运动，军阀割据，三目共同构成民国初年的大体气象。教学立意设置为：民国初年是中国社会从传统至现代的转型期。在这一过程中社会风俗和政局变革同时发生，然而两者进行得既不彻底也不顺畅。展现出民国初年多重转型、动荡反复、妥协缓进的时代特征。

二、学情分析

从学生个体学科学习能力和知识储备而言，经过高中一年的历史学习，高二学生已经掌握了一定的历史技能，能够初步辨别、分析史料类型和价值。与此同时，高二学生经历了具有校本特色的南京文化之旅社会实践活动，对于民国初年的气象有一定感性认识。

从学生集体团队配合能力而言，经过高中阶段学习，高二学生至少在班集体中具有一定的集体意识，能够自主通过团队协作达成学习目标。

因此，本课具有开展落实的基本条件。与此同时，本课将有利于进一步在情境中培养学生的基本素养，树立学生正确的价值取向和积极的情感态度。

三、教学策略与方法

策略上充分利用校本资源,包括高二学生已经完成的南京文化之旅社会实践活动,新修复的南洋中学博物馆资源,把教材内容、教材时代与学生所能够切身感受的经历联系起来。通过情境学习、自主学习等多维度的方式方法,培育学生的历史核心素养,包括但不仅限于史料实证、历史解释等,据此激发爱校、爱国的积极情感认知。

四、教学评价方式或方法

以过程评价为主,辅以探究性的结果评价。

教 学 设 计

【教学目标】

大致知道民国初年社会习俗的变革,国家政局动荡等相关史实。初步理解社会风俗变革的意义以及进步人士为民主共和理想所作的不懈努力。通过解读文献记载与其他类型的史料,学习提取有效历史信息的方法和途径,大致掌握历史人物的评价方法。初步尝试体悟习俗、政局共同构成的社会正缓慢转型的大气象。

【教学重难点】

重点:社会民俗与国家政局的多重转型。

难点:抗争缓进中各方不懈的努力。

【教学资源】

南洋中学博物馆资料。

【教学过程】

学习内容	教师活动	学生活动	设计意图
讲授孙中山、朱少屏与南洋的渊源	1. 引导学生分享在南京社会实践活动中为朱少屏烈士扫墓的感想 2. 诉说孙中山与南洋的故事	分享在社会实践活动过程中的所思所想所感	激情设趣，以学生亲身经历联系教材内容，在时代与时代、伟人与学生、史事与学校之间搭建起关联
探究多重转型——习俗的变化	1. 讲授清末文化生活与习俗的方方面面 2. 通过学生活动分享反馈，引导学生理解民国初年习俗改变背后的意义，感受社会追求自由平等、文明进步的趋向	团队活动，在南洋校史博物馆中选择能够体现社会习俗变迁的史料，向班级展示并解说表象背后蕴藏的社会变革之深意	通过学生结合场馆的活动，培养学生主动选择史料、解读史料进行合理的历史分析的能力。学生通过个体观摩时代的同时，尝试感悟时代对于个体不可磨灭的影响
动荡反复——政局的演变	1. 讲授宋教仁遇刺、二次革命、护国运动等史实 2. 展示南洋中学在这段动荡历史时期的学校活动	习得基本的史实，进行合理的、符合历史逻辑的推测	通过大时代、小学校两者的相互关系，揭示民国初年政局动荡中新旧交织，思考政局演变对于当时中国前途命运的影响
妥协缓进——社会的转型	利用时人梁启超的评论与结构示意图，揭示社会转型的特征	经过讨论，形成总体性的时代印象和相应思考	对整堂课的教学内容进行小结，大致掌握历史评价方法。初步尝试体悟习俗、政局共同构成的社会正缓慢转型的大气象

续 表

学习内容	教师活动	学生活动	设计意图
课后作业		结合课堂所学,选择校史馆内民国初年的一样展品,设计一段解说词	结合场馆资源,历史知识的现实运用,进一步落实学习历史的现实意义

附:

教 学 详 案

环节一:孙中山、朱少屏与南洋的渊源

师:同学们,还记得这张照片是在哪里拍的吗?

生:南京,朱少屏烈士墓。

师:我们在祭奠朱少屏校友时,已经了解过他的生平经历了。但其实在我们南洋的校史里还记载着朱少屏先生做过的一件小事。

1913年朱少屏邀请孙中山来校演讲,宣传革命。演讲结束,学生们欢呼着将发辫一起剪去。

——《为国桢干 上海市南洋中学120年》

看完这份材料我有一个疑问,1911年辛亥革命已经爆发,中华民国成立。为什么两年后,孙中山还要宣传革命?

生:辛亥革命没有完全成功,没有改变中国半殖民地半封建的社会性质。

环节二:革除旧俗(教师示范)

师:那么宣传革命与剪发辫又存在怎样的关联呢,令南洋学生听完演讲即决定剪发辫?

生:因为留发辫是满清入关之后强迫各个民族必须做的,辛亥革命后反封建,所以剪发辫即是废除过去的奴役。

师：出示史料与政令。

满房窃国,易吾冠裳,强行编发之制,悉从腥膻之俗……

今者清廷已覆,民国成功,凡我同胞,允宜涤旧染之污,作新国之民……

——1912年1月《中华民国剪辫令》

根据民国政府颁布的政令,可见辛亥革命之后第一时间以法规的方式,改变风俗,以做"新国之民"。

环节三：学生活动：寻找风俗之变

师：民国风俗之变不仅是剪发辫一项,在我们的南洋中学博物馆中珍藏着丰富的史料,接下来请同学们按照学习小组,根据导学案寻找其他更多历史佐证,记录解说并与全班分享。

学生开始在南洋中学博物馆内自主学习,寻找符合要求的历史材料并初步商讨。对于找到的材料拍照保存以作展示。（课堂本身设在博物馆一楼大厅,15分钟时间自主参观探究学习）

师：有请各组代表向大家介绍他们的发现,契合民国初年各项风俗之变的表现,并简要谈谈你对此项风俗变化的看法。

在学生各组展示完毕之后,教师可选择性进行补充：

1. 剪发辫：当时人们所留发辫从历史上来看是怎样形成的？有何种意味？（育才书塾师生合影1901年和1906年）
2. 禁缠足：长久以来的男权社会对妇女身心的摧残与束缚。
3. 易服饰：中山装的各种细节寓意（励进学术研究会）。
4. 允男女同校：倡导教育机会的平等（1918年8月《申报》）。

环节四：旧污难除（习俗变迁存在种种困难与反复）

师：刚刚我们通过校史馆资料大致了解了民国初年发生的社会风俗变化,但是其中我们也注意到这种变化并不是一蹴而就的。

凡未去辫者,于令到之日限二十日,一律剪除净尽,有不尊者以违法论。

——1912年1月《中华民国剪辫令》

育材书塾师生合影（摄于1901年）

育材书塾师生合影（摄于1906年）

励进学术研究会

《申报》1918年8月12日，第十版，报道"南洋中学校友会欢送留美校友"

一、习俗的变化

- 1. 剪发辫 —— 废民族奴役
- 2. 禁缠足 —— 废男权奴役 ⎫
- 3. 易服饰 —— 废等级奴役 ⎬ 文明进步 自由平等
- 4. 允同校 —— 废性别奴役 ⎭

师：即使政府明文规定，在当时实行却也是大难题。

1912年2月，有一挑水夫尚垂发辫，该兵士迫令剪去，结果发生争吵推拉，挑水夫受伤致死。山东都督周自济派宣传员到昌邑，宣传新政，劝导剪辫，激起民变，宣传员和无辜者27人被杀。

1912年元宵节……城门口军警站立，进城卖菜的老头被剪了辫子，痛哭流涕，没脸回家，村里人知道了，都不敢进城卖菜了……

——夏衍回忆录：《懒寻旧梦录》

师：请问同学们，为什么当时劝导剪辫激起了民变？

生：因为百姓习惯了留辫子，可见习俗成型后较难改变。

师：我们再对比孙中山来我校劝导剪辫最后的结果，这又映射出当时社会怎样一种状况？

生：读西书和不读书的人可能对新事物的接受程度完全不同。另外地点，上海和山东乡村也是截然不同的。说明习俗改变在当时中国的接受程度是参差不齐的。

师：我们再来看看部分社会上层对于习俗之变的观点。

师：漫画中袁世凯正在剪发辫，但同学们有没有发现一种不协调？

生：他虽然在剪发辫，但是身上还是穿着官服，旁边侍从的官员也还是满清的样子。

师：我们再看另一位文化精英的表现：

"孔子曰：微管仲，吾其披发左衽矣！我今亦曰：微曾文正，我其剪发短衣矣！"

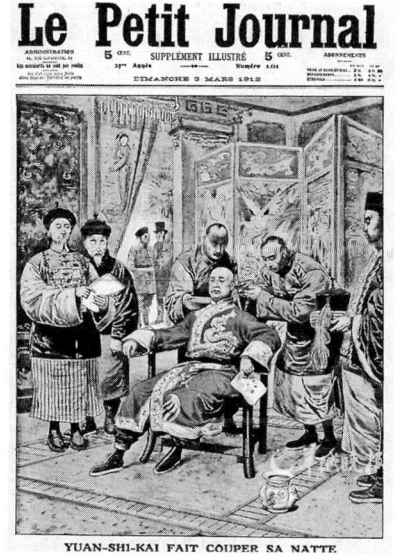

"我头上的辫子是有形的，你们心中的辫子却是无形的。"

——辜鸿铭

师：对比袁世凯和辜鸿铭所言，我们是否发现了一种存在于社会上层的难题？

生：形式之变容易，思想上革除封建因素的影响困难。

环节五：民国初年的政局变化

师：民国初年的习俗之变困难重重，社会政局同样危机四伏。我们来看一段校史记载：

1913年七八月间，上海地面风声颇紧，战火延烧至南洋中学所在的日晖桥。为此，校长王培孙对外公告，劝告学生不可前往日晖桥的戒严路段,并宣布新学期开学日期将再行通知。

——《为国桢干　上海市南洋中学120年》

师:请问当时我校为何要延迟开学呢?与哪件历史大事相关。

生:二次革命。

师:出示袁世凯组阁图示,时人评论称:

"唐绍仪组织内阁,段祺瑞总长陆军,何一非袁氏私人。他日易总统而为皇帝,倒共和而复专制,一反手间耳。"

——柳亚子　1912年《天铎报》

"国民党人物中,袁之最忌者唯宋教仁。

……饵以官,不受;啖以金,不受。日奔走于各政党间,……一时声望大哗。"

——《谭人凤集》

师:可见其中最为袁世凯忌惮的就是宋教仁,结果1913年宋教仁被刺身亡,舆论大哗,孙中山号召革命党掀起了讨袁的二次革命。我们接着来看时人评述和战事形势图。

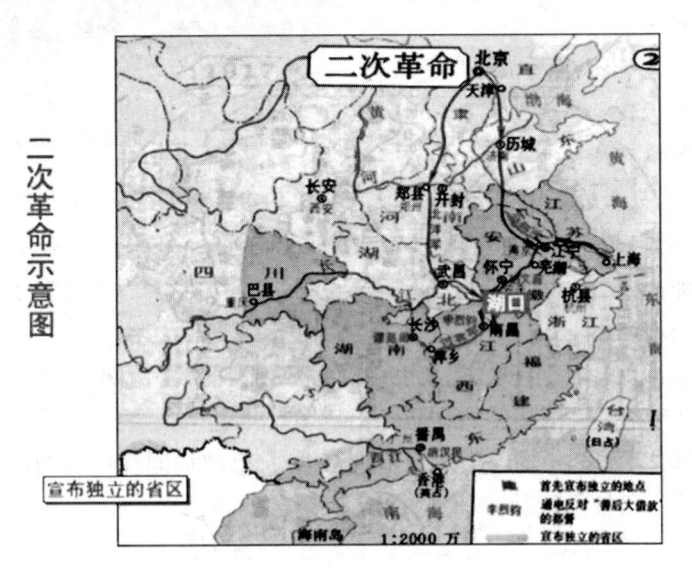

二次革命示意图

"自民国创造,独夫袁氏作孽作恶,迄今一年……上穷碧落,下极黄泉;新造共和,固不知今真安在也?独夫祸心愈固,天道愈晦;雷霆之威,震震斯发。普国以内,同起伐罪之师。"

——苏曼殊《讨袁宣言》

教师继续以南洋校友顾维钧的记录讲授袁世凯此后签署二十一条等倒行逆施的行径。

总统急忙在总统府召集会议,……总统先叫我发言,我毫不犹豫地说,日军在龙口登陆是公然违犯国际法的行动,为了表明中国在尽其中立国的责任,有义务保卫国土。因此,抵御日本侵略,理由至为明显。

……袁世凯转向陆军总长段祺瑞,他想从陆军总长那里了解为了保卫国土,中国军队能采取哪些行动。段回答说,如总统下令,部队可以抵抗,设法阻止日军深入山东内地。不过由于武器、弹药不足,作战将十分困难。总统直截了当地问他抵抗可以维持多久。段立即回答说四十八小时。总统问他四十八小时以后怎么办,他望了望总统说,听候总统指示。

——时任外交部参事顾维钧

二十一条　灭亡中国
- 承认日本继承德国在山东的一切权益。
- 所有中国沿海港湾、岛屿概不租借或让给他国。
- 中国政府聘用日本人为政治、军事、财政等顾问。
- 中日合办警政和兵工厂。
- 武昌至南昌、南昌至杭州等各铁路建筑权让与日本。日本在福建省有开矿、建筑海港和船厂及筑路的优先权。
- ……

师:我们再来看一段校史记录,请问材料中的"浙江独立"是因何而起?

1916年,夏初,浙江独立事起,江浙军队调动,学生颇为不安,故暂迁至白尔路(今自忠路)商业学校上课,又租赁法租界敏体尼荫路(今西藏南路)容大织布厂隔壁授课,至暑假为止。

——《为国桢干　上海市南洋中学120年》

生:1916年爆发护国运动。

师:从这张护国运动发展图中,我们可以发现护国运动在时空上有哪些特点?

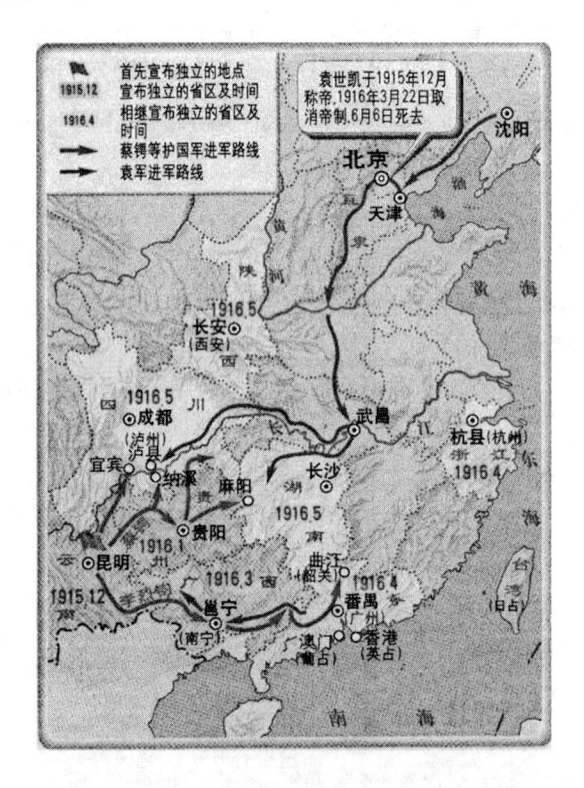

生:地域上主要产生于西南区域然后慢慢向北扩展,却少有过黄河。时间上各地短期内相继爆发,非常紧密。

师:1916年6月,袁世凯在内外交困、众叛亲离中死去,护国运动取得胜利。近代史学家唐德刚曾对袁世凯的失败有过这样一段评价,请谈谈你对此的看法。

两千年帝王专制的政治传统,绝然不能转变于旦夕之间。因此他(袁世凯)纵然想做个真正的民主大总统,不但他本人无此智能条件,他所处的时代也没有实现民治的社会基础。他如要回头搞帝王专制,甚或搞君主立宪,这些形式在当时的中国也已失去了生存的土壤。

——唐德刚《袁氏当国》

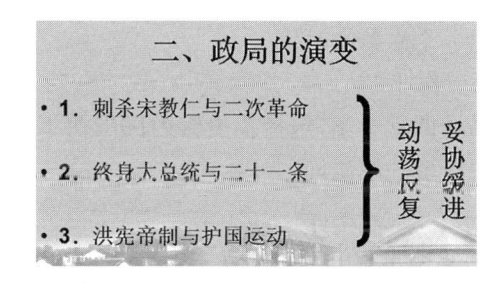

二、政局的演变
- 1. 刺杀宋教仁与二次革命
- 2. 终身大总统与二十一条
- 3. 洪宪帝制与护国运动

}动荡反复 妥协缓进

学生对于历史人物结合时代背景尝试进行基于历史逻辑的评价。

环节六:多重转型、动荡反复、妥协缓进(整体把握时代特征)

师:经过这堂课的学习,我们已经发现民国初年的社会习俗与政局都发生着天翻地覆的变化,梁启超有言道:

自辛亥八月迄今未盈四年,忽而满洲立宪,忽而五族共和,忽而临时总统,忽而正式总统,忽而制定约法,忽而修改约法,忽而召集国会,忽而解散国会,忽而内阁制,忽而总统制,忽而任期总统,忽而终身总统,忽而以约法暂代宪法,忽而催促制定宪法。

——梁启超《异哉所谓国体问题者》

这段材料中,展现了梁启超对国体问题哪方面的忧虑?

生:认为变化过多,过急。

课堂小结:从1911到1916年,社会习俗和政局都在发生剧烈的转型,其他众多领域也正经历巨大变化。而这些变化像一团乱麻纠缠在一起,剪不断理还乱,不时进一步又退一步。自鸦片战争以来旧中国固有的因素、习惯不断抗拒着任何变化。而我们和时人一样能

多重转型　动荡反复　妥协缓进

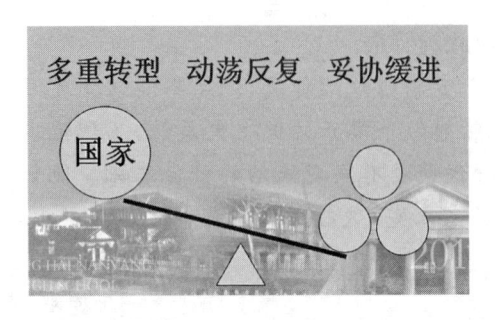

稍有欣慰的是看到无数蹒跚依然不懈向前的身影。而这些微小的进步将最终垒出一个崭新的时代。

环节七：课后作业

请同学们结合课堂所学，选择校史馆内民国初年的一样展品，设计一段符合历史情境的解说词。

导　学　案

班级：_____
组别：_____
姓名：_____

学习任务一：寻找民国初年能够体现习俗变迁的史料，进行介绍和分析

所在博物馆位置_____（楼层标号）
史料基本信息_____（日期名称）
简要描述：
_____
_____

该史料体现出哪些符合时代习俗变迁的历史信息：

从史料中,你能得出怎样的结论：

校史馆或者教材中有没有其他史料可以对该史料进行补充或证实：

学习任务二：请同学们结合课堂所学,选择校史馆内民国初年的一样展品,设计一段符合历史情境的解说词。

实现人生的价值
——价值判断与价值选择

上海市南洋中学　赵　卿

一、教材分析

本课是必修四教材第六课的第二框,引导学生思考和理解人活着应该追求什么样的人生目标。本课三框之间的逻辑关系是:第一框提供了有关人生价值观的理论(工具)进而形成了第二框对于人生价值观的进一步认识,形成正确的价值判断和价值选择,从而指导第三框实现人生价值的具体行动。

二、学情分析

1. 知识点掌握:学生已经初步理解价值和价值观的含义;理解价值观对个人的重要导向作用;能够阐述社会主义核心价值观的基本内容、重要意义。

2. 学科素养达成:学生能够初步对人的价值和社会主义核心价值观形成正确的认同;能够初步运用马克思主义基本立场、观点和方法,观察、分析问题。

3. 课堂表现:学生面对复杂、不确定问题时,解决问题的能力有待加强。

三、教学策略与方法

通过南洋中学党组织发展的案例情境,串起整个课堂活动和任务。把课本理论知识融入对具体任务的思考和解决中,从个别到一般,通过对历史逻辑和社会发展的客观规律的把握,理解价值判断与价值选择的社会历史性。

融合党史教育,学生以角色代入的方式,对价值冲突进行思考,引导运用马克思主义哲学的方法论,解决问题。

四、教学评价方式或方法

关注过程性评价:

	知识掌握	关键能力	核心素养
水平1	知道价值判断和选择的基本含义	知道个人利益、集体利益、社会利益三者的辩证关系,但表达含糊不清	能够认同在不同的社会历史条件下,会形成不同的人生价值判断和价值选择
水平2	概述价值判断和价值选择的关系特征	在理解的基础上能够分析产生不同人生价值判断和价值选择的原因	能够采取具体问题具体分析的方法,论证为什么价值判断和价值选择具有社会历史性
水平3	准确描述正确的价值判断和价值选择对于人生道路的意义	能够运用马克思主义基本原理,对新的情境进行分析,并提出解决矛盾的方案	能够将个人、社会、国家利益相统一,用开放、敏锐的眼光关注、思考人生价值

教 学 设 计

【教学目标】

1. 在南洋中学党组织发展的历史情境中,能够理解每个人的人生价值选择是在一定的价值判断的基础上做出的。

2. 结合不同时期从学校走出的中国共产党人故事,能够运用马克思主义基本原理对个人、集体、社会三者的辩证关系进行阐述。

3. 能够在有挑战性的复杂情境中,运用马克思主义基本原理,分析产生不同人生价值判断和价值选择的原因,并提出解决矛盾的方案。

【教学重难点】

重点:分析和梳理形成不同人生价值判断和价值选择的原因。

难点:在有挑战性的复杂情境中,培养进行正确价值判断和价值选择的能力。

【教学资源】

南洋中学博物馆、南洋中学党组织发展史、南洋中学杰出校友事迹。

【教学过程】

学习内容	教师活动	学生活动	设计意图
读不同时期南洋人的人生选择	提出课堂任务1:什么是正确的价值判断和价值选择	小组讨论,完成导学案	理解一个人走什么样的人生道路,选择什么样的人生方式,都是在一定价值判断基础上作出的价值选择
	提出课堂任务2:每个人的人生道路都是多样的,为什么他们却选择了负重前行?		正确的价值判断和价值选择,必须与社会发展的客观规律产生关联。把个人、集体、社会利益三者进行统一
读新中国建设时期的南洋学子的故事	提出课堂任务3:不同时期的南洋学子,在人生道路的选择上,因何而发生了变化?		体会价值判断和价值选择的社会历史性。人生道路选择要与时俱进

续 表

学习内容	教师活动	学生活动	设计意图
师生讨论	提出课堂任务4："躺平"反映出了怎样的个人价值判断和社会发展情况？	师生讨论，提出解决方案	在有挑战性的复杂情境中，运用马克思主义基本原理提出解决矛盾的方案
	提出课堂任务5：新时代，我们应该如何规划我们"平凡"的人生道路？		

附：

南洋中学十烈士事迹

林一青（1900—1928） 第15届校友。原名萌安，又名敏四。1926年加入中国共产党，组建广东省梅州小学教师联合会，担任领导工作。1927年，任中共广东省梅县区区委委员。积极参与和领导了梅州"五一二"工人武装暴动，成立梅县区人民政府，任政府委员。国民党反动派进行反扑，人民政府仅生存了7天。月底，转入西阳、白宫一带山区坚持斗争。1928年12月18日被捕，22日凌晨在梅城东校场英勇就义，年仅29岁。

张耀先（1901—1931） 第19届校友。原名张进荣，1923年毕业于南洋中学，后考入杭州产业学院学习2年。1925年秋入黄埔军校，同年加入中国共产党，是安徽省阜南县最早的中共党员。1930年，中共阜阳中心县委召开党代会，张耀先被选为中心县委委员。1931年，因遭国民党当局通缉，张耀先辗转到河南省获嘉县。同年秋，党组织调张耀先去红四方面军任团政委。是年底在黄安战役中牺牲，年仅30岁。

俞昌准（1907—1928） 第23届校友。又名俞仲则，1907年生于安徽省南陵县谢家坝俞村。1923年赴上海求学，考入南洋中学。

1925年经恽代英介绍加入中国共青团,1926年春转为中共党员。6月被派到芜湖工作,创办《沙漠周刊》,用革命诗作开展宣传工作,组织和领导工人罢工,先后担任中共安徽南陵特支宣传委员、中共芜湖特支委员和共青团芜湖特委宣传部长。1928年1月担任新成立的南芜边区苏维埃政府主席,领导谢家坝农民武装暴动。同年11月被捕,12月16日被杀害,年仅21岁。

熊达人(1910—1941) 第24届初中校友。1927年考入南洋中学初三年级,次年春升入上海浦东中学高中。毕业后受聘至余姚县立第一小学等校任教。1937年入学延安公学,加入中国共产党,1938年毕业后受党组织派遣历任中共余姚县工委委员,余姚县委和余姚中心县委委员、组织部长,安徽省广德县委委员等职。1941年1月,在皖南事变中不幸牺牲,时年31岁。

钱立华(1921—1942) 第38届校友。原名钱尧如,1936年秋进入南洋中学读初三,1938年在盐业大楼读高一。1939年加入上海市学生协会,积极从事学生运动,宣传抗日。1940年离开学校奔赴苏南澄锡虞抗日根据地参加革命,从事民运工作,同年加入中国共产党。1941年春在新四军苏南保安司令部青年训练班从事党的支部工作,同年秋被调到苏州、宜兴等地从事秘密工作。1942年调任中共武南县委妇女部长,是年6月4日在日军的搜捕下中弹牺牲,年仅21岁。

严庚初(1924—1949) 第40届校友。1938年考入南洋中学,因家境贫寒而破格免除学费。1943年曾赴解放区,回沪后进入中国新闻专科学校读书。1945年冬加入中国共产党,先后参加了进步刊物《学生新闻》《青年知识》的发行工作。1947年起从事由上海市学生联合会出版的会刊《学生报》工作,作为负责人亲自刻写、油印报纸,并把印好的报纸运送至各学校。1948年10月不幸被捕,1949年5月7日被国民党特务秘密杀害,年仅25岁。

教 学 详 案

【教师导入】 跨越3个世纪的南洋百年校史,真实地镌刻着中国共产党史、新中国史、改革开放史的生动烙印。南洋中学创建于1896年,甲午战败,民族危难之际。老校长王培孙接下了叔父创办的"育材书塾",立志要科教救国。1921年中国共产党诞生后,更有不少南洋学子受到马列主义的影响,为解放人民、解放全人类的崇高事业而英勇奋斗,甚至献出了自己的宝贵生命。

【学生活动】 展示结合十烈士校友事迹,进行的诗歌创作,并介绍相关校友烈士事迹。

诗歌一:领导联合任委员,参与武装转斗争。三年革命终无悔,二十九年命本轻。敏四萌安终一青,血溅梅城钟长鸣。

林一青简历见前文。

诗歌二:安徽南陵凡庸生,南洋中学苦求学。入团入党赴革命,创刊组织不为名。

正值青年声却息,革命精神仍永兴。碧血今朝丧敌胆,丹心终古照今人。

俞昌准简历见前文。

诗歌三:不畏强敌压迫重,自有一片忠心红。不让须眉巾帼志,生死关头见英雄。钱塘江水掀浪潮,励志抗日女英豪。华夏先烈丰碑立,赞美南洋育桢干。

钱立华简历见前文。

【学习任务】 结合当时的社会背景,请思考这些年轻的共产党人,他们有没有其他的人生选择?这样的选择可不可以?

资料:1950年以前中国人口受教育情况

人口数量	未上过学	小学	初中	高中或中专	大专	本科	研究生以上
约5.4亿	22.14%	50.20%	18.32%	5.91%	2.01%	1.29%	0.03%

【教师总结归纳】 一个人走什么样的人生道路,选择什么样的人生方式,都是在一定价值判断基础上作出的价值选择。

【教师导入】 2020年,南洋中学共有27人次党员、2位入党积极分子、2名入党申请人和2名团员主动报名参加支援上海南站和浦东国际机场的疫情防控工作。

【学习任务】 请思考,每个人的人生道路选择都是多种多样的,为什么他们却选择了负重前行?

【教师总结】 恽代英曾说:"国不能不救,他人不能救,则唯靠我自己;他人不去救,则唯靠我自己;他人不下真心救,则唯靠我自己!"正确的价值判断和价值选择,必须与社会发展的客观规律产生关联。把个人、集体、社会利益三者进行统一。

【教师导入】 以上的故事,都来自不平凡的人生和特殊社会历史背景。生而平凡,就该有平凡的价值选择。1937年7月7日,日本发动全面侵华战争,中国共产党上海地下党在南洋中学建立了学生支部,团结和发动广大同学开展抗日救亡活动。1941年9月,南洋中学建立党支部,当时有党员73人,后被称为"南洋七十三贤"。

【学生活动】 请同学上台介绍新时期,杰出南洋校友事迹。

梁汉枢:大家看到的左手边的这张旧照片,是1945年解放战争时期,南洋党组织成立之初,南洋七十三贤中的部分同学们,拍摄的集体照。右下角的这张,是这批学子,在2011年再一次在上海聚会时的合影。照片中,圈划出的这位校友,名字叫做梁汉枢,是南洋七十三贤之一。1951年到1952年里,他曾担任了我们学校当时的党组织的负责人。因为他的专业是学工程学的,他积极响应了国家要发展工业的号召,前往天津的某工厂,做了一名总工程师,后来担任厂长,一直在工业发展的第一线做到了退休。

让我很感动的是,我们的这位梁校友,以一名工人的身份,获得过庆祝中华人民共和国成立50周年、60周年和70周年的纪念章。

沈志英:大家看到的屏幕上的这些照片,一眼能认出的有哪些人物?——毛主席和周总理,对不对?我今天要向大家介绍的这位校友,是始终站在我们党和国家第一代领导人身旁的这位年轻的女学生,她的名字叫沈志英。她也是刚刚介绍的梁汉枢校友的同班同学。

沈志英也是在高中时期就加入了中国共产党,毕业以后,担任过我们学校的政治辅导员。后来她高考考入了北京外国语学院,成为了一名亚非语言的专家。她后来长期从事我国的外交工作,担任国家主要领导人的非洲语言翻译,也参加过中国援助坦桑尼亚的医疗队工作。让我很感动的是,作为一名年轻的女大学生,可以说,她用自己的毕生所学,将自己的一生都投入在了中非外交友谊的建设中。

蒋心雄: 大家先在看到的照片中的这位校友,名字叫蒋心雄。他退休时,是我们国家的核工业部部长。他要比梁汉枢和沈志英校友更为年长一些,今年已经90岁了。他的故事,要分很多个阶段来细说。他是南开大学机械系毕业的。毕业的时候,我们国家刚好要大力研制核武器,所以他就去了甘肃参与研制核燃料。因为当时核研究在我们国家,还是非常隐秘的工作,所以曾经有20年时间,他和老师还有同学们是失去联系的,没有人知道他具体去了哪里,做了什么样的工作,一直到我国第一颗原子弹试爆成功,他才和大家恢复了联系。后来,我们国家决定建设第一个核电站——秦山核电站,他又作为总指挥,去了建设一线。

让我感到很动容的是,他在秦山核电站成功发电的15天后,就向国家积极申请向国外出口我们的核电。这在当时,是所有人都不敢做的事情,但作为中国的核工业人,我们的蒋心雄校友就是有这份底气,相信我们的核工业,一定能成功!

【学习任务】 不同时期的南洋学子,在人生道路的选择上,因何而发生了变化?

中国社会主要矛盾和主要任务的变化

新民主主义革命时期	争取民族独立、人民解放和国家富强、人民幸福。反对帝国主义、封建主义、官僚资本主义
社会主义过渡时期	逐步实现国家对农业、手工业和资本主义工商业的社会主义改造。解决无产阶级与资产阶级矛盾

续 表

社会主义改造完成后	集中力量发展生产力,解决人民对建立先进的工业国以及对经济文化迅速发展需要,同落后的农业国和社会经济文化发展现实之间的矛盾
改革开放后	以经济建设为中心,解决人民日益增长的物质文化需要同落后的社会生产之间的矛盾
进入新时代	坚持好、发展好中国特色社会主义,解决人民日益增长的美好生活需要和不平衡不充分发展之间的矛盾

【教师总结】 价值判断和选择具有社会历史性,随着时间、地点和条件的变化,正确的人生道路选择要能够与时俱进。

【学习任务】 陈乔年在临刑前曾说:"让我们的子孙后代享受前人披荆斩棘的幸福吧。"现在的年轻人,流行一种现象,叫作"躺平"。它反映出了怎样的个人价值判断和社会发展情况? 新时代,我们应该如何规划我们"平凡"的人生道路?

【教师总结】 习近平在十二届全国人大一次会议闭幕会上讲话曾说:"生活在我们伟大祖国和伟大时代的中国人民,共同享有人生出彩的机会。"伟大出自平凡,平凡造就伟大。一切平凡的人都可以获得不平凡的人生,一切平凡的工作都可创造不平凡的成就。每一位中国人和南洋学子,都要找到自己的人生定位和目标,在平凡的学习和生活中,发挥好自己的作用,助力学校和国家不平凡的发展。

导 学 案

本课议题:如何规划我们的人生道路?

情境一

跨越3个世纪的南洋百年校史,真实地镌刻着中国共产党史、新中国史、改革开放史的生动烙印。南洋中学创建于1896年,甲午战败,民族危难之际。老校长王培孙接下了叔父创办的"育材书塾",立志要科教救国。1921年中国共产党诞生后,更有不少南洋学子受到马列主义的影响,为解放人民、解放全人类的崇高事业而英勇奋斗,甚至献出了自己的宝贵生命。

任务1:年轻的南洋学子有没有其他的人生选择?这样的选择可不可以?

任务2:每个人的人生道路都是多样的,为什么他们却选择了负重前行?

情境二

1937年7月7日,日本发动全面侵华战争,中国共产党上海地下党在南洋中学建立了学生支部,团结和发动广大同学开展抗日救亡活动。1941年9月,南洋中学建立党支部,当时有党员73人,后被称为"南洋七十三贤"。

任务3:不同时期的南洋学子,在人生道路的选择上,因何而发生了变化?

情境三

现在的年轻人,流行一种现象叫作"躺平"。指无论对方做出什么反应,你内心都毫无波澜,对此不会有任何反应或者反抗,表示顺从心理。另外在部分语境中表示为:瘫倒在地,不再鸡血沸腾、渴求成功了。

任务4:"躺平"反映出了怎样的个人价值判断和社会发展情况?

任务5:新时代,我们应该如何规划我们的人生道路?

图书在版编目(CIP)数据

馆校融合 知行并进：徐汇滨江学区与爱国主义教育基地合作课程开发案例 / 李云，傅强主编. —上海：上海社会科学院出版社，2023
 ISBN 978 - 7 - 5520 - 4090 - 6

Ⅰ.①馆… Ⅱ.①李… ②傅… Ⅲ.①爱国主义教育—活动课程—教案(教育)—中学—徐汇区 Ⅳ.①G631.4

中国国家版本馆 CIP 数据核字(2023)第 041845 号

馆校融合 知行并进
徐汇滨江学区与爱国主义教育基地合作课程开发案例

主　　编：	李　云　傅　强
责任编辑：	杜颖颖
封面设计：	黄婧昉
出版发行：	上海社会科学院出版社
	上海顺昌路 622 号　邮编 200025
	电话总机 021 - 63315947　销售热线 021 - 53063735
	http://www.sassp.cn　E-mail:sassp@sassp.cn
排　　版：	南京展望文化发展有限公司
印　　刷：	镇江文苑制版印刷有限责任公司
开　　本：	890 毫米×1240 毫米　1/32
印　　张：	7.625
字　　数：	210 千字
版　　次：	2023 年 6 月第 1 版　2023 年 6 月第 1 次印刷

ISBN 978 - 7 - 5520 - 4090 - 6/G·1247　　　定价：42.00 元

版权所有　翻印必究